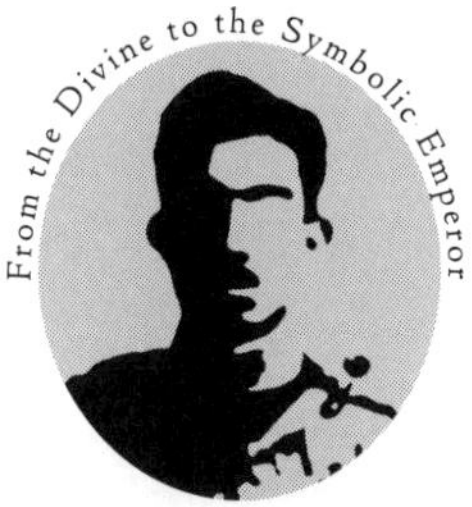

神聖天皇のゆくえ

近代日本社会の基軸

島薗進

Susumu Shimazono

筑摩書房

まえがき

私の父は一九二〇年生まれ、母は一九二三年生まれです。両親ともきょうだいが多かった。両親もおじやおばたちもほとんど世を去りました。彼らにとって天皇はどんな存在だったでしょうか。もっと聞いておけばよかったと思います。

母は歴代天皇の名前を暗唱していました。学校の行事に天皇の像が掲げられたときのことを尋ねると、「御真影はよく見えなかった。頭を下げてなくちゃならなかったのよ」と言っていました。戦後の天皇については、微妙な事柄なのでなかなか聞けなかったところがあります。

両親の両親、そのまた両親（曾祖父母）となると明治の始めぐらいに遡ります。その頃の人たちにとって天皇はどんな存在だったのでしょう。確かなことは、明治の初期には人々は天皇にあまり関心をもっていなかったということです。それが次第に神聖な存在として人々の心に焼き付いていったのです。それはどのような過程だったのでしょうか。

社会にはさまざまな人がいますが、人々の共通の心情が集合的に強い力を発揮することがあります。近代国家の形成の時代には、皆が同じ考えや感情を分け持つ傾向が強まりました。学校、戦争、メディアの影響が大きいです。国家制度が人々の考え方や振る舞い方を方向付けていくのですが、逆に人々の考えや感情が国家を動かすような事態も生じます。

近代日本の社会を理解するには、このような側面から天皇について考えていくことが欠かせません。これがこの本がいちばん言いたいことです。つまり、天皇が神聖な存在として人々から崇敬されるようになった歴史を可視化したいのです。なぜ、また、どのようにして天皇は人々にとって、また社会にとって神聖な存在となったのでしょうか。社会史としての神聖天皇への問いです。

ついには、多くの国民が天皇陛下を神聖な存在と仰いで戦い、国にいのちを捧げるべきだと考えるところにまで至りました。神聖天皇が近代日本社会の基軸になり、それによって国民の一体性が強まりました。この過程を理解したいのです。

もちろんそれは容易なことではありません。神聖天皇の形成、その神聖性の強大化、敗戦によるその失墜、そして象徴天皇の展開を丁寧に描き出そうとすれば、膨大な資料を積み上げ、たいへん分厚い本をまとめなくてはならないでしょう。

しかし、大きな見取り図を作ることも重要です。神聖天皇という観点から近代日本の歴史の見通しをもつこと。ただし、そのなかを生きた人間の経験がよく想像できるような具体性も大切です。本書では、この方針のもとに神聖天皇の来し方を振り返り、未来展望のささやかな素材としようとしています。

「近代日本社会の基軸」といえば、「神聖天皇」だけがそうだというわけではありません。これは近代日本の社会史のある局面を取り出したものです。天皇崇敬に関わる領域をだいぶ異なる方面から描き出すこともできるでしょう。

「天皇制」が近代日本の政治を捉える鍵概念と考える人は多いでしょう。宗教の方から近代日本を捉えるときには、「国家神道」が鍵概念です。どちらの概念もたいへん重要ですが、「政治制度」や「宗教」にこだわらずに、人々の頭や心のなかの天皇について考えようとしました。つまり、社会のなかでの天皇の働きについての考察です。

もちろん「神聖天皇」に反対した人たち、抵抗した人たちもいました。適当に距離をとろうとした人たちもいたでしょう。そのような人々の生き方や考え方を理解することもとても重要です。しかし、この本では、戦時期には大多数の人が巻き込まれることになった「神聖天皇」崇敬に、まずは焦点をあてました。

この本で考えていることは、戦後の人文学や社会科学が、超国家主義や軍国主義、あるいは天皇制ファシズムや日本的なナショナリズムの形成史・展開史として捉えてきたことと重なりあっています。それらのなかには、政治史・思想史・社会史を総合的に捉えようとするものもありました。この本はそれらの豊かな成果に学びつつも、「神聖天皇」を中核に置くことで新たな見通しが得られるとの立場をとっています。それは一般国民の精神生活に大きな力が働いて、それが歴史を動かす動因として重要だという観点と結びついています。

天皇の政治的な地位や役割についての研究はもちろん重要で、膨大な研究成果がありまず。また、それぞれの天皇の生涯、行動、発言、考え等についても詳細な研究が積み上げられ、学ぶところが多いです。しかし、この本はこうした観点から天皇自身を論じているのではありません。むしろ、人々の心のなかの天皇、崇敬される存在としての天皇を明らかにしようというものです。

このような視点をもつに至ったのは、私が数十年にわたって宗教史を研究してきたことと関わりがあります。宗教史はそれを構成する人たちの生き方、考え方、行動の仕方を理解しなくては十分に理解したことになりません。「生きられた宗教」の理解が重要だという方法意識をもつようになりました。

近代日本の最大の宗教である国家神道を「生きられた宗教」として理解すること、これが本書の考察の出発点でした。ところが、「国家神道」という用語の理解がさまざまで、議論がくい違ってしまう。これは「宗教」や「神道」という言葉で何を指すかが明確でなく、さまざまな捉え方ができてしまうからです。それなら、「宗教」とか「神道」という語を横に置いておいて、「神聖天皇」という観点から捉えてみようと考えたのです。

数年間、そのような試みを重ねてきて、それはむしろ「神聖天皇の社会史」として理解できることに気がつきました。まずはその見取り図を描いてみようと考えたました。では、どんな見取り図でしょう。もし、少しでも関心をもっていただけるようだったら、パラパラとめくってみて下さい。どこから読み始めていただいてもけっこうです。

編集協力

今井章博

大角　修（地人館）

佐藤修久（地人館）

神聖天皇のゆくえ——近代日本社会の基軸　目次

神聖天皇のゆくえ——近代日本社会の基軸

凡例

一、引用文について、漢字は原則として通用の字体とし、歴史的仮名遣いを適宜現代仮名遣いに改めた。句読点とルビを適宜補った。

二、原典のカタカナの読み下し文をそのまま活用した場合もある。

三、巻末に付した参考文献は、本文中でふれたものに限定した。

四、主要な人物について、初出の直後に生没年を記した。

第1章

神国日本から神聖天皇へ

——古代の源泉と近代の構築

一　いつから神聖天皇思想が広まったのか？

近代日本の精神史を見直す

戦前の日本で大きな力をもった「天皇は神聖な存在だ」という考えや行動のパターンについては、さまざまな観点から論じられてきました。たとえば、古代から日本人の身心に染みついたものだと言われたり、西洋の王権神授説による絶対王政に似ていると言われたり、中国の皇帝を典型とするアジア的専制の中でも天皇制は特殊なもので日本にしかないと考えられたりしました。しかし、それがどのように形づくられていったのかについて、包括的に論じた書物は意外に少ないのです。

これは国家神道がどのように形作られていったかという問題と重なりあっています。国家神道は明治維新以後、皇室祭祀と神社神道と国体論が重なりあって構成されていったと見ることができます（拙著『国家神道と日本人』）。なお、国家神道にはその定義をめぐって論争があります。それについては第2章でふれます。宗教という観点から近代日本を見通すと国家神道という基軸があったとする捉え方は欠かせません。近代日本にはさまざまな宗教伝統や精神文化が展開したのですが、次第に国家神道の影響が強まって、一九三〇年代になると国家神道が精神文化全体を覆っていくような全体主義的な時代へと移行していきます。

憲法学者の佐藤幸治は、同時代の政治史を神権的国体論と立憲体制の相克という観点から捉え返しています（『立憲主義について』）。戦前の日本の国家体制は大日本帝国憲法によって枠づけられましたが、その「上諭」（前文）には「国家統治ノ大権ハ朕《ちん》カ之ヲ祖《そ》宗《そう》ニ承《う》ケ之ヲ子孫ニ伝フル所ナリ」とあります。これは「日本書紀に書かれた天照大神の神勅《しんちょく》にまでさかのぼる「国体」を宣言し確認するという性格のものであった」（一五一ページ）。立憲主義はこの「神権的国体論」を抑制し、法による支配を実現するはずのものでしたが、歴史はそのように展開しませんでした。神権的国体論が政治過程を全面的に覆っていくように展開していきました。佐藤幸治はこのように論じています。

国家神道論は宗教史、神権的国体論という分析枠は憲法史・政治史の総括的な理解を目指したものですが、どちらも天皇・皇室と国民との関係という観点が近代日本史を理解するための基軸だという捉え方で共通しています。共有されているのは、近代日本の歴史を集合的精神文化の側面から捉えるとき、天皇崇敬《てんのうすうけい》が重要だという理解です。明治維新から敗戦に至る過程を、国民生活に対する神聖天皇の影響が次第に強まっていく過程と捉えるのです。集合的精神文化と述べましたが、これは近代日本の政治宗教的価値観の基軸であり、ナショナリズムの日本的な様態を捉える際の鍵となるものでもあります。本書はこの観点から、近代日本の精神史・心性史・心から見た社会史を見直してみようとするものです。

古代に源泉があるのは確か

歴史の本には、幕末から明治維新にかけて、「尊皇（尊王）」「尊皇の志士」「尊皇攘夷《そんのうじょうい》」という言葉がよく出てきます。明治維新は国民が天皇を神聖な存在として尊ぶということを掲げた変革で、そこから近代の天皇制が始まります。

しかし、明治維新のとき、またそれ以後、どうして天皇崇敬が大きな役割を果たすことになったのか、神聖な天皇という観念が、いつ、どのように成立して、歴史的にどういうふうに引き継がれてきたのか、こうした問いに答えていく必要があります。明治維新後に力点を置きながらも、それ以前も振り返らなくてはなりません。

その源流は古代に遡ります。では、古代において、なぜ、天皇が神聖なものとされる必要があったのでしょうか。古代国家において、王が神聖なものとされ、その王と神のもとに人々が結束したという例は珍しくないでしょう。しかし、日本には日本の事情がありました。東アジアでは広大な版図を治める皇帝が中国にあって、周辺地域の王や支配層も見上げるような強力な存在だったということです。大陸から海を隔てている日本は、東アジアの神聖皇帝による統治の理念を日本の王権理論に組み込むことによって、中国の帝政から独立した、いわば周辺的な神聖王権を成り立たせる必要があったということです。

よく知られた例では、聖徳太子（五七四〜六二二年）が「日出《ひい》ずる処《ところ》の天子、書を日没する処の天子に致す」という書簡を遣隋使に持たせて隋の皇帝に差し出し、日本は隋と同等の国だと表明したということがあります。これは『隋書《ずいしょ》』という中国の歴史書の「倭国伝《わこくでん》」に書かれていることです。

聖徳太子の飛鳥時代から天武・持統朝を経て奈良時代初期に至る時期に、大和国家は律令体制という中国の政治体制を大幅に取り込んで、神聖王権的な体制をつくろうとしました。この時期に伊勢神宮ができ、『古事記』（七一二年）や『日本書紀』（七二〇年）ができています（岡田莊司編『日本神道史』）。

天孫降臨の神話と天皇の祭祀

『古事記』や『日本書紀』に記された記紀神話によれば、世の始まりに高天原《たかまがはら》の神々が出現しました。この天上の神々はイザナギ、イザナミという夫婦神に地上の島々を造らせます。やがて地上には国つ神が現れました。国つ神は各地の豪族が祀った神々だと考えられます。そのなかでも強大だったのは出雲の大国主神《おおくにぬしのかみ》で、地上に豊かな国をつくったとされます。高天原の天照大神《あまてらすおおみかみ》は、地上は自分の子孫が治めるべきところだと言って大国主神に国譲りを求め、孫のニニギノミコトを日向の高千穂峰《たかちほのみね》に降ろしました。いわゆる天孫降臨です。このときに、天照大神はニニギノミコトに三種の神器を渡し、「天壌無窮《てんじょうむきゅう》の神勅」を与えたとされます。

豊葦原《とよあしはら》の千五百秋《ちいほあき》の瑞穂《みずほ》の国は、是《こ》れ吾《あ》が子孫《うみのこ》の王《きみ》たるべき地《くに》也。宜しく爾皇孫《いましすめみま》、就《ゆ》きて治《しら》せ。行矣《さきくませ》、宝祚《あまつひつぎ》の隆《さか》えまさむこと、当《まさ》に天壌《あめつち》と窮《きわま》り無かるべし。

現代語訳は以下のようになります。

日本国は私の子孫が王であるべき国である。さあ瓊瓊杵尊《ににぎのみこと》よ、行ってこの国を治めなさい。つつがなく治めなさい。天津日嗣《あまつひつぎ》（宝祚＝皇位）は、天地と共に永遠に栄えることでしょう。

天孫降臨　天照大神の孫のニニギノミコトが天つ神々とともに地上に降ったという。

「宝祚」と書いて「あまつひつぎ」と読ませるのですが、それは神聖な宝物である三種の神器を受け継ぐものという意味をもたされるようになります。そして、神聖な国体を表す言葉ともなるのです。

このニニギノミコトの子孫が高千穂峰から東征して豪族たちと戦い、大和を平定して畝《うね》傍山《びやま》（奈良県橿原市）の麓で最初の天皇として即位した。それが初代神武天皇だということです。

この記紀神話から、歴代天皇は高天原の天照大神の子孫であり、その命を受けてこの国を支配するという理念ができました。日本各地の豪族たちが尊んできた国つ神の神々の上に天つ神の権威を置き、伊勢でお祀りする天照大神の子孫である歴代天皇が神聖な権威を集約する国家という体制をつくったということです。それに対応する儀礼体系もつくり、神聖な天皇が神の祭祀を行い、そのことをもって統治の正当性を確立する――。こういう体制ができたということです。

しかし、当時、仏教にも権威の源泉は求められました。法隆寺や東大寺のような大きな寺院が作られたことからもわかるとおりです。他方で、皇帝の儀礼の重視は儒教の影響も受けています。仏教や儒教の権威を借りつつも、日本独自の「天皇の祭祀」の体系を形作

神武天皇を祀る橿原神宮（奈良県橿原市）　日向の高千穂峰から東征して大和を平定した神武天皇は畝傍山の宮で即位し、初代天皇になったという。1890（明治23）年、畝傍山の麓に神武天皇を祭神として橿原神宮が創建された。社殿の背後の山が畝傍山である。

ろうとしたのです。その後の歴史のなかでは、仏教の影響が際だって大きくなります。記紀神話に基づく天皇の神聖性はさほど強く意識されませんでした。天照の子孫である天皇の神聖な権威を信じる人はさほど多くなかったのです。

神聖な王という理念の影響力

祭祀がなぜ、統治の正当性につながるのかは、ちょっとわかりにくいかもしれません。古代のことではなく、現代の例をみてみましょう。たとえばアメリカ大統領は就任するにあたって「私は合衆国大統領の職務を誠実に実行することを誓う」といった宣誓をすることが憲法で義務づけられており、その文例まで定められています（合衆国憲法第二章第一条八項）。

ところが、それだけでは足りません。大統領は聖書に手を置いて、憲法に定められた宣誓文を唱え終わると、「So help me God（神に誓って）」と付け加えます。大統領は選挙で選ばれた行政府のトップですが、委ねられた大きな権力を発揮するには「神に誓って」という宣誓の儀式と言葉が必要なのです。キリスト教によって神聖な権威を付与された皇帝というローマ帝国以来の体制が、近代の民主主義革命を経ても部分的に引き継がれているわけです。

日本国憲法でも、内閣総理大臣は国民の代表である国会議員によって国会で選ばれたあと、天皇から拝命する形をとっています。これは天皇が神聖な存在だった一九四五年までの体制を思い起こさせるものです。明治維新の際、日本は普通の人間を超えた神聖な存在である天皇によって国の統合を強める方針をとりました。幕末から明治にかけての大きな危機の時に、天皇をきわだって神聖な存在として尊ぶ尊皇論が高まり、やがて周辺諸国に対する攻撃的な対外政策へと向かっていきました。まず、新しい日本の建設をうたった「五箇条の御誓文《ごせいもん》」も明治天皇が皇祖皇宗《こうそこうそう》（皇祖の天照大神と歴代天皇）と天神地祇《てんじんちぎ》（天つ神と国つ神）に誓うという形で決められたのでした。

日本では、明治維新において天照大神に連なる神聖な天皇という古代の理念が近代国家を支えるための新しい装いをもって、強く打ち出されたのでした。そして、それ以後の歴史で、神聖な天皇という観念が次第に国民に浸透し、強化されていきました。これは次第に神聖王権が抑制され、王の神聖性が失われていった同時代の欧米諸国（たとえばイギリスの王権）とは大いに異なる展開です。

二　神聖な国家の理念が浮上していく経過

仏教の威信が強かった時代の「神国」理念

記紀神話に基づいた、「天皇は高天原の天照大神の子孫である」という神話的な王権の祭祀体系は、古代においても多くの人がそれを信じ従うような強力なシステムではありませんでした。その後の奈良・平安と仏教の力が増大し、武士政権の時代となって朝廷の権威が後退した鎌倉・室町を経て、新たに明朝《みんちょう》・清朝《しんちょう》の中央集権帝国の体制の影響を受けた江戸期にも、記紀神話や朝廷の祭祀に親しみをもつ人は多くなかったのです。

しかし、朝廷の政治力が弱く、思想的・文化的には仏教・儒教の力が強まった時代においても、天皇の権威は一定の意義を持ち存続していたので、神聖天皇の理念や祭祀が再浮上する可能性が残されていました。仏が上位に立つ神仏習合が優位を保ち続けてはいましたが、全国に天神地祇、すなわち神々の祭祀があるので、それらが神聖天皇に連なるものとする考え方も次第に強まってきます。その神祇とともに天皇の権威が打ち破られることもなく、ときに潜在的な力が表に出てくる。そこから「神国」というアイディアがでてきます（佐藤弘夫『「神国」日本』）。

一方で日本は、インドを中心にした仏教的世界観で見ると辺境の国でした。世界の中心に須弥山《しゅみせん》という高い山があって、その南の閻浮提《えんぶだい》という世界があって、インドがモデルとなっています。仏教はそこで起こるのですが、日本はそこから遠く離れた島国だと意識されていました。周辺にある国ということで「辺土」と意識され、粟散辺土《ぞくさんへんど》ともよばれました。「粟散」というのは粟の粒を飛ばしたように小さな周辺の島国という意味です。

平安時代に広まった本地垂迹《ほんじすいじゃく》の考え方では、日本の神々はインドの仏菩薩《ぶつぼさつ》が形を変えて現れたものだとされました。「本地」が仏で「垂迹」が神という神仏習合の信仰です。これに関わって和光同塵《わこうどうじん》という言葉があります。末法《まっぽう》意識によって深化し、中世によく使われるようになった言葉です。末法の辺土の仏法から遠い国の人々には、仏の輝きはまぶしくて仰ぎ見ることができない。それで仏や菩薩は、その光を和らげ、塵に同じくして、地上の衆生に近い神々の姿で助けに来てくれる。和光同塵とは、日本はそういう国だということで、一種、自分を低い所に位置づけた思想です。それは一種の辺境意識だったのですが、本地垂迹説は実は神々が仏と同じだといっているのですから、日本の神様の地位を高いものと見なす信仰でもあったのです。

このように日本の神々、そしてその大元締めとも捉える伊勢神宮や神聖な天皇を国家の神聖な中心としてよみがえらせようという政治的な動きが、一四世紀になって力を持ち始めます。鎌倉幕府を倒した後醍醐《ごだいご》天皇の建武《けんむ》の中興（一三三三〜一三三六年）がそのきっかけとなっており、後醍醐天皇に仕えた北《きた》畠親房《ばたけちかふさ》の『神皇正統記《じんのうしょうとうき》』などによって、神聖な天皇の権威を高める思想的な動きも勢いを得ます。

北畠親房（1293〜1354年）　26歳で後醍醐天皇に仕えた貴族。38歳で出家するが、建武の新政および南朝で政治家として中心的な役割を担った。（菊池容斎『前賢故実』）

神国思想の高揚の流れ

後醍醐天皇が神器を持って吉野の朝廷すなわち南朝

を開いて南北朝の分裂時代になりますが、南朝方の武将だった北畠親房（一二九三〜一三五四年）が「大日本者神國也《おほやまとはかみのくに》」で始まる『神皇正統記』を著します。この時期から南朝正統論と結びついて三種の神器の保持を天皇の絶対的な条件とする考え方が広まります。鏡と勾《まが》玉《たま》と剣、この三種の神器の由来は、まさに『古事記』の神話に書かれていることです。

天照大神が天の岩戸に隠れて高天原が真っ暗になったとき、神々は鏡と勾玉を特別につくって岩戸の前に集まり、勾玉は榊につけて振り、鏡は岩戸から覗いた天照大神を映して光を放ち、いぶかる天照大神を外に出したという話です。剣は天照大神の弟のスサノオが出雲で退治した八岐大蛇《やまたのおろち》の尾から出てきたもので、天照大神に献上しました。この三種の神器は天照大神が孫のニニギノミコトを地上に降るように命じるときに、国を治めるための神聖な力の源泉として持たせたということになります。

一六世紀の後半には仏教を神聖な権威の中心とする体制に対して、「天下統一」を求める武将の権力が高揚し、キリシタンの影響もあって、新たな国家の神聖な権威を模索する動きが出てきます。織田信長の安土城《あづちじょう》には、諸宗教・諸思想の上に「天主《てんしゅ》」（後の天守閣の原型）を位置づける発想がありましたし、豊臣秀吉や徳川家康も仏教勢力を抑える過程で、自らが神格化される動きを生み出しもしました。家康が死後、東照宮《とうしょうぐう》として崇敬されたのはその現れです（朝尾直弘『将軍権力の創出』、曽根原理『徳川家康神格化への道』）。

他方、江戸時代には幕府の学問所や各地の藩校で忠・孝を軸とする儒教の影響が強まりました。仏教に対して儒教的な立場からの現世的秩序の重要性を説く思想です。その現世的秩序の根幹に仏教とは異なる神聖な権威をすえようとする神道思想や儒教思想、あるいは神儒習合の思想が成長してきます（ヘルマン・オームス『徳川イデオロギー』）。

江戸時代の儒教と神道から尊皇思想が浮上する

吉田神社（京都市左京区）　平安時代に都の鎮守として創建された。江戸時代に吉田家は全国の神職の任免権をもった。（『都名所図会』国立国会図書館蔵）

室町時代の後期から江戸時代にかけては中国の帝国的な中央集権的儒教思想の影響を受けつつも、天皇がいる日本の独自性を重く見る思想の展開がありました。やがて、天皇と日本の神々、そして誇るべき神国という独自性の意識が高まってきます。それまで神仏習合的なシステムのなかで自己を位置づけていた神社関係者や古典研究者の間で、神道教説を練っていったり日本の古代の神々を称揚したりします。早いものでは、吉田《よしだ》兼倶《かねとも》（一四三五～一五一一年）による吉田神道があります。京都の吉田山に日本の中心となる大元宮という礼拝所を作り、神道こそ「根」で仏教は

山崎闇斎（1619〜1682年）　儒学の崎門派を興し、垂加神道を創始した。（『先哲像伝 近世畸人傳 百家琦行傳』有朋堂書店より）

「花実」、儒教は「枝葉」だとして、本地垂迹説をひっくり返しました（井上智勝『吉田神道の四百年』）。

　近代の神聖天皇に連なる教説で重要なのは、儒学者だった山崎闇斎《やまざきあんさい》（一六一九〜一六八二年）が創始した学派です。儒学の学派としては「崎」の字をとって「崎門《きもん》学《がく》」とよばれますが、神道の教説としては「垂加神道《すいかしんとう》」という派ともなります。神道説を独自に発展させた垂加神道は、天照大神の子孫である天皇を敬い、「正直」であることで天と人が合一するとして尊皇思想的神道への道を前進させました。

　また、少し時代が下りますが、文化的な方面から日本独自の古典に基づく思想を形作る人々が登場します。賀茂真淵《かものまぶち》（一六九七〜一七六九年）、本居宣長《もとおりのりなが》（一七三〇〜一八〇一年）などの、「漢心《からごころ》」を排して日本独自の『古事記』や『万葉集』『源氏物語』に大和心の源泉を求める国学が出てきました。後から日本に入ってきた儒教と仏教、漢字・漢語に対して日本独自のやまとことば的な世界を求めていきます。そして日本古来の神々の世界は、外来の神仏とは違う本来的な価値を持っているという姿勢や思想が出てきました。

神聖国家の理念を育てた水戸学

一方、政治的な思想という側面が強い儒教の尊王論を強く打ち出したのが水戸学です。徳川御三家の水戸藩の学問です。水戸藩では二代藩主の徳川光圀《とくがわみつくに》（一六二八～一七〇一年）が編纂を命じた『大日本史』を編み続けました。完成はなんと明治になってからですから二百数十年間も神代《かみよ》以来の日本の歴史を研究し続けたのです。

『大日本史』の編纂方針は、朱子学《しゆしがく》の「大義名分《たいぎめいぶん》論」に基づくものでした。これは、君臣関係の意義を強調し、臣下の忠義を重んじる思想で、幕府の封建体制の理論的支柱ともなりうるものでした。しかし、「大義名分論」を押し進めると、幕府の正当性は天皇から将軍職を授けられたことに突き当たります。つまり、日本の最高統治者は幕府ではなく、天皇ということになってしまうのです。水戸学はこのように、潜在的に幕府の支配を相対化して、天皇中心の体制を導き出すような可能性をはらむ思想でした。

垂加神道も水戸学も中国の宋《そう》の時代に体系化された、中央集権的帝国の教学である朱子学（宋学）の枠組みを基盤としており、それを日本の国家体制に合わせようとするなかで成立したものです。朱子学とは、仏教などから影響を受け、「理」や「気」の理念を軸に形而上学的な次元を備えて、修身斉家《しゅうしんせいか》から治国平天下《ちこくへいてんか》に及ぶ体系的な儒教思想です。

朱子学は神聖な皇帝をいただく国家を治める文人官僚（士大夫《したいふ》）が身に着けるべき体系的な学問でしたが、それを江戸時代の武士が身に着けるに至ったのです。そして、これを神聖天皇を中核とする国家秩序のための思想と捉えるようになり、一七世紀の終わり頃から、インドや中国とは異なる日本独自の「国体」という観念と結びつけられるようになります。やがて、仏道や儒道に対する「皇道《こうどう》」という概念も支持を広げていきます。

三　尊皇思想の高まりと皇道・国体の理念

神国思想から皇道・国体へ

「皇道」という概念の前提には「神国」の思想があります。北畠親房の『神皇正統記』で展開された頃は、まだ世界の周辺の国という意識が強かったのですが、今や日本こそがすぐれた「国体」をもつ国だという思想に発展していきます。自国優越史となった神国思想です（佐藤弘夫『「神国」日本』）。沖縄、台湾、東北アジアでの攻撃的姿勢をも正当化する思想です。

一七世紀から一八世紀に展開する時期から、「国体」、つまり日本にしかない、神代から一度も王朝交代がない、万世一系《ばんせいいっけい》の神聖な天皇という観念や、神聖天皇に仕える道としての皇道、神聖天皇の伝統を明らかにする皇学という観念が形成されます。皇道・皇学を名乗らないまでも、神聖天皇崇敬、つまりは尊皇（尊王）を基盤とする儒学や国学系の政治思想が、一九世紀になって政治的変革思想の基盤をつくっていきます。

崎門学派は朱子学を日本に根づかせようとしますが、他方、日本独自の神道の価値を主張しようとしました。山崎闇斎自身は儒学と神道が共存する神儒習合的な思想体系を組み立てようとしました。弟子たちは儒学を強調する流れと神道を強調する流れに分かれていきます。こうした展開のなかで天皇を軸とする日本の国家体制を尊ぶ政治的理念が育てられていきます。

日本独自の政治的理念を定式化しようとした初期の人としては栗山潜鋒《くりやませんぽう》（一六七一〜一七〇六年）がいます。山崎闇斎系の学者で史学を研究し、水戸藩主の徳川光圀に招かれ、「大日本史」編纂所の彰考館《しょうこうかん》総裁になりました。また、同じ世代の儒学者、三宅観瀾《みやけかんらん》（一六七四〜

一七一八年）も徳川光圀に招かれ、のちに彰考館総裁になります。栗山潜鋒と論争もしながら「皇道」や「国体」の概念を提示していきました（河野省三『皇道の研究』、伊東多三郎『近世国体思想史論』、拙稿「国家神道・国体思想・天皇崇敬」、齋藤公太『「神国」の正統論』）。

　水戸学は前期と後期に分けられます。前期水戸学は山崎闇斎と並行する時期に展開しましたが、栗山潜鋒や三宅観瀾などは闇斎的なものを水戸学に引き継いで、後期水戸学を準備していったわけです。彼らが唱え始めた皇道論を大きく発展させたのが、一九世紀に新たに発展をとげた後期水戸学です。日本の歴史の独自性を強調し、それが尊皇と結びついていきました。とりわけ、幕末も近づいた一八四一（天保一二）年に開校した藩校の弘道館は尊皇攘夷派の拠点にもなりました。

　後期水戸学の神聖天皇論は会沢正志斎《あいざわせいしさい》（一七八二～一八六三年）や藤田東湖《ふじたとうこ》（一八〇六～一八五五年）によって尊皇攘夷の理論の中核になります。会沢正志斎は『新論《しんろん》』（一八二五年）で「神州（日本）は太陽の出るところ、元気《げんき》（万物の気の根本）がはじまる国で、天皇が皇位をついできた。日本は大地の元首であり、万国の綱紀（あらゆる国をしたがえるもの）であって、皇化（天皇の治世）はあらゆるところに及ぶ。ところが今、西の野蛮な国々が世界の海をかけ、きたない足で諸国をふみにじり、自分の力もかえりみずに、あえて上国《じょうこく》（日本）を凌駕《りょうが》しようとしている」と説き、「国体」や祭政一致の理念を掲げて尊皇攘夷の志士たちに大きな影響を与えました。

明治維新の志士たちにとっての儒学

江戸時代の当初、武士は儒教などほとんど何も知らなかった。そこで、大名に知識を与える役割をもった人たちがおり、たとえば「太平記読み」といって『太平記』の語りによって歴史と政治と道徳を学ぼうとしました（若尾政希『「太平記読み」の時代』）。『太平記』は南北朝の戦いを語る戦記物語ですが、寺社の由来などのおりおりに神武天皇以来の歴史が語られていきます。やがて統治の知の源泉として儒教が受容されていき、武士なら漢学を学ぶのが当たり前というようになります。多くの藩に藩校ができるのは一八世紀末から一九世紀初めの寛政《かんせい》年間以降です。老中松平定信《まつだいらさだのぶ》が寛政異学の禁（一七九〇年）を出して儒学のうち、大義名分を説く朱子学を中心に学問を統制、かつ奨励しますが、これが変革の思想的エネルギーに転じていきます。

江戸時代には近世の中華帝国（明、清）の影響を受けて、神聖国家の枠組みの強化に向かう考え方が強まっていったということも指摘されています（小島毅『儒教が支えた明治維新』、同『天皇と儒教思想』）。中国には神聖な皇帝に基づく秩序を政治道徳体系としての儒教が支え、学問のある官僚（士大夫）がその担い手となるという国家教学の体制がありました。武士がこうした教学を学ぶことによって、忠誠の対象を地域的な領邦《りょうほう》の大名から「天下」を担う天皇へと向けかえていく動きが強まりました。国家意識がますます高まっていくなかで、忠誠心を重んじる武士が、近世中国の儒学に助けられて忠誠の対象を神聖な天皇に向け、「尊皇」の信念を固めていったと見ることができます。

こうして「国体」という概念が明治維新の変革の中心になっていきます。その背景としては、当時の武士たちが西洋諸国の植民地主義的な姿勢に強い危機意識をもったという事実があります。近い将来に襲いかかってくる恐れのある野蛮な敵を、武力で追い払うという「攘夷」の観念が武士たちを奮い立たせました。そして、キリスト教によって思想的に武装した西洋の侵略勢力に対して、対抗すべき日本の政治理念が求められ、神聖な天皇による統治という理念が脚光を浴びたのです。

尊皇や国体の理念を国民に鼓吹する道

また、江戸時代には、次第に仏教や儒教のような外来の思想とは異なる日本固有のものへの関心が高まっていきました。一八世紀頃から学問を好む公家や武士、そして町人や農民のなかには、インドや中国に由来する仏教・儒教ではなく、日本の古典を尊び、日本の神々の信仰を重視すべきだとする思想も発展していき、やがて「国学」とよばれるようになります。荷田春満《かだのあずままろ》、賀茂真淵《かものまぶち》、本居宣長《もとおりのりなが》、平田篤胤《ひらたあつたね》が「国学の四大人」とよばれています。また、一般民衆の信仰の主体はなお神仏習合の信仰なのですが、そのなかから次第に神道的な要素が強まっていく傾向も進みました。伊勢神宮への信仰をはじめとして、神道的な信仰集団も次第に増加していきました（島薗進・安丸良夫・磯前順一『民衆宗教論』）。

江戸時代の末期には、このように天皇や日本の神々を尊ぶさまざまな思想的・宗教的動きが高まっていきました。そうしたなかで、政治的変革に強い関心をもった下級武士らを動かす思想的資源となったのが後期水戸学でした。国家の危機という意識をかきたて、西洋諸国の植民地主義的な進出に対抗できるのは神聖天皇を掲げ、「国体」を強く押し出して、国民が一体となる国家を作ることだと説いたのです。吉田松陰《よしだしょういん》らの長州の武士たちも、西郷隆盛らの薩摩の武士たちも、後期水戸学と歩調を合わせながら「尊皇（尊王）」を掲げ、国体論や祭政一致を掲げた変革へと進んでいくことになります。

ここで重要なのは、西洋諸国のキリスト教に対抗し、思想面・宗教面からも抵抗できる国家でなければいけないということも強く意識されたことです。国家の精神的支柱が求められ、天皇崇敬の理念が浮上していきました。それは武士の儒教を引き継ぎながら民衆をも統合し、身分を超えた国家を作るべく大衆性を持ち込む必要があるということでもあります。会沢正志斎が『新論』で主張したのは、こうした時代環境を反映した革新的な「国体」の教説でした。

皇道理念の系譜

こうして天皇崇敬が近代国家につながるような理念に結晶し、尊皇攘夷運動となります。やがて「攘夷」ではなく「開国」ということになっても、「尊皇（尊王）」はますます強く打ち出されます。この「尊皇」運動の中で、『太平記』で後醍醐天皇のために戦って死んだと語られている楠木正成《くすのきまさしげ》が理想の存在となります。自らの生命を顧みずに天皇のために尽くす忠義の人として、楠木正成を顕彰する楠公祭《なんこうさい》も行われるようになります。また、天皇のために自らの生命を犠牲にした存在を、神道式、または儒教式に祀る招魂祭も行われるようになります。天皇のために命を捧げる武士という理念に沿った新たな宗教儀礼が広められていきました。

なお、この時期には国学を掲げる平田篤胤らによって、死後の救いをも展望に入れた「神道」も支持者を増し、神葬祭《しんそうさい》も広められていきました（遠藤潤『平田国学と近世社会』）。この動きと儒教にも連なる皇道とか皇学とかが並行して力を増していきます（牟禮仁「藩校と皇学」）。幕末には長谷川昭道《はせがわあきみち》や大国隆正《おおくにたかまさ》らが学問的にそれを形にしていき、「皇道」（あるいは「神道」）を基盤にした国家体制を打ち出していきます。次章で取り上げますが、一八六九年の「皇道興隆の御下問」、七〇年の「大教宣布《たいきょうせんぷ》の詔《みことのり》」はその表れです。しかし、これは明治維新後、すぐには形になりません。西洋の教育制度を取り入れる過程で「尊皇」や「国体」の理念をどう教育に組み込むか模索の時期が続きます。

やがて天皇の教育係で「教育勅語」の起草にも関わる儒学者の元田《もとだ》永孚《ながざね》（元熊本藩士）のような人へ受け継がれていきます。「教育勅語」は「皇道」の理念を近代教育に持ち込んだものと捉えることができます。また、大国隆正は国学系ですが儒学的な発想が非常に強い、水戸学と国学の折衷のようなところのある人でした。その影響を強く受けた津和野藩の指導者たちが明治維新後の宗教面の政策立案にかかわっていきました。さらに、明治中期に成立する神職養成機関が皇學館《こうがくかん》とか皇典講究所《こうてんこうきゅうじょ》とよばれるのも注目すべきところです。これらは、「皇道」理念が「神道」としても制度化されていったことを示すものであり、そこでは「神聖天皇」の理念こそが重要であったことをよく示すものと見ることができます。

「皇道」という言葉が盛んに使われるようになるのは、一九三〇年代から一九四五年までのことです。しかし、そこで最大限に高揚した神聖天皇の理念が、制度的な基礎を据えられていくのは明治維新後の早い時期のことだったのです。

第2章

祭政教一致の明治

――天皇崇拝が国家の柱になった

一　天神地祇に誓った五箇条の御誓文

王政復古における天皇の役割

一八六七（慶應《けいおう》三）年一〇月、将軍徳川慶喜《とくがわよしのぶ》が天皇に大政奉還《たいせいほうかん》を申し出ました。江戸時代には将軍と幕府が天下を治めていましたが、もともとは治世の大権は天皇にあり、徳川家の代々の当主が将軍に任じられることによって治世の大権を預かっていましたが、それを天皇に返すというのが大政奉還です。慶喜はそれを申し出るにあたって二条城（家康が上洛時に滞在するためにつくった屋敷）に在京の諸大名の重臣を集めて同意をとりつけました。

尊皇といえば攘夷という印象が強いのですが、開国派の将軍・幕府も尊皇という点では攘夷派と同じでした。前章で述べたように、そもそも幕末の尊皇思想は、徳川御三家の水戸の教学と歴史解釈（水戸学）が先導して育てられてきたものです。尊皇を掲げれば開国派も攘夷派も一致し、大政を奉還しても慶喜が実権をにぎりつづけることができると思われました。ところが実際には、事態は倒幕の方向に動いていきます。

同年一二月、「仰出候事《おおせいだされそうろうこと》（天皇がおっしゃられたこと）」という詔《みことのり》の形で「王政復古の大号令」が発せられました。幕府を廃止し、新政府には天皇のもとに総裁・議定・参与という三職を置くという新しい形をとりながら、「諸事　神武創業の始《はじめ》に原《もとづ》き」というものです。神武天皇は『古事記』『日本書紀』に大和を平定して朝廷を開いたと記されている初代天皇です。明治天皇は初祖の神武天皇に帰って、神から受け継がれてきた歴代天皇の神聖な任務を行う。神聖な任務は祭政一致ということでした。国家の中心にいて祖神の神祭を行うということです。

「王政復古」ではありますが、まだ十代で政治の経験も乏しい明治天皇です。国家の中心にいても、実際の政治は薩長などの藩閥のグループが進める。「天皇親政」の理念を掲げる人もいましたが、自由民権の論を抑えながら西洋風の憲法と議会による政治を構想する方向に向かいました。では、天皇の役割は何か。それは天皇が自ら神を祀るということになってきます。「天皇親祭」です。そしてやがて祭祀とともに「国民を教え導く」という役割も加わっていきます。

「五箇条の御誓文」の誓約

あくる一八六八（慶應四／明治元）年三月一四日、「五箇条の御誓文《ごせいもん》」の誓約が御所で行わ

「五箇条の御誓文」の誓祭　天神地祇を祀る祭壇の左の玉座に明治天皇が坐し、新政府副総裁の三条実美が天皇に代わって「御誓文」を読み上げた。その後、天皇自身が玉串を捧げて神拝。列席の公卿・諸侯も１人ずつ神々と玉座の天皇に拝礼し、奉答書に署名した。（『明治天皇紀附図稿本』宮内庁宮内公文書館蔵）

れました。それについて『明治天皇紀』に「天皇紫《し》宸殿《しんでん》に御《ぎょ》し、公《くぎ》卿《よう》・諸侯以下百官を率ゐて親《みずか》ら天神地祇を祀り、国是五箇条を誓ひたまふ」と記されています。

　紫宸殿とは内裏の正殿で、宮中の重要な儀式が行われる建物です。新政府が発した「五箇条の御誓文」は国民に誓うのではなく、天皇が公卿・諸侯らとともに天神地《てんじんち》祇《ぎ》（日本古来の天地の神々）に誓ったというのです。

　なぜ、そういう形にしたのかについて、『明治天皇紀』によれば、当初は新政府の会議で方針をまとめて発表しようと考えたが、それでは神武天皇以来の国体に反するということになりました。そこで、まずは天神地祇に誓い、その後、「列祖の洪業《こうぎょう》（歴代天皇のおびただしい偉業）を紹述し、億兆（全国民）を安撫《あんぶ》し、国威を海外に発揚する旨」の告諭《こくゆ》の宸翰《しんかん》（天皇の書状）とともに「五箇条の御誓文」を国民に布告したのでした。きわめて宗教的な儀式だったわけです（ジョン・ブリーン『儀礼と権力』）。

近代国家と祭政一致

五箇条の御誓文

一　広ク会議ヲ興シ万機《ばんき》公論《こうろん》ニ決スヘシ
一　上下心ヲ一ニシテ盛《さかん》ニ経綸《けいりん》ヲ行フヘシ
一　官武《かんぶ》一途《いっと》庶民《しょみん》ニ至《いた》ル迄《まで》各《おのおの》其《その》志《こころざし》ヲ遂《と》ケ人心ヲシテ倦マサラシメン事ヲ要ス
一　旧来《きゅうらい》ノ陋習《ろうしゅう》ヲ破リ天地ノ公道ニ基《もと》クヘシ
一　智識ヲ世界ニ求メ大ニ皇基ヲ振起《しんき》スヘシ

「五箇条の御誓文」は第一条に「広く会議を興し万機公論に決すべし」とあります。これは近代の議会政治や民主主義に近い考え方を反映しています。当時の儒学者には西洋の思想を勉強して、儒学と西洋思想を折衷するような考え方を持っていた人がいました。幕府の中にも宮廷の周辺にもそういう人がいて、その意見が反映しているのでしょう。また、西洋の力を知っている人たちは、開国して西洋的な議会制的な政治体制を取らないと力ある近代国家にはなれないという考え方を持っていました。

しかし当時は、日本独自の体制でキリスト教を背景にした西洋列強の影響をはねのけなければならないという考え方がむしろ新政権大勢を占めていました。神聖天皇が統治するという形での近代国家の構想、そこにこそ明治維新の基軸があるとの立場です。そこで、「五箇条の御誓文」を布告するにあたって、その前に「天神地祇御誓祭《おちかいさい》」があったわけです。慶應四年の「五箇条の御誓文」はすでに近代の新しい「祭政一致」の体制理念にのっとっています。

また、告論の宸翰にある「列祖の洪業」の「列祖」という言葉は、神武天皇ひいては天照大神まで遡る歴代の天皇、その権威に基づいて今の天皇の権威があるということで、これは「万世一系の皇統」を柱とする国体論を前提にした考え方でもあります。

そして「億兆を安撫し」という「億兆」というのは、すべての国民が一体になることを前提にした言葉です。この「御宸翰」は日本が西洋的な近代国民国家であると同時に、神聖な天皇の権威を強く押し出した文章でした。

そして同年九月に一世一元の詔を出し、慶応四年は正月に遡って明治元年になります。この一世一元制は中国の皇帝の統治に倣《なら》っています。中国では明《みん》の時代（一三六八〜一六四四）

から始まったもので、中央集権的な帝政でこそ一世一元制は成り立つ。それは日本にも当てはまるということになります。

二　神社による国家統合から天皇親祭へ

神祇官の再興から廃止へ

「五箇条の御誓文」とほぼ同時に神祇官《じんぎかん》再興宣言も出されています。国の初めである神武天皇以来の「祭政一致」を具体化するために、八世紀初めに設置された「神祇官」という役所を再興しようというものです（神道用語については、國學院大學日本文化研究所編『神道事典』参照、明治期の宗教政策については、安丸良夫・宮地正人編『日本近代思想大系　宗教と国家』が基礎資料を集めている）。

「此度《このたび》、王政復古　神武創業ノ始ニ被為基《もとづかせられ》、諸事御一新　祭政一致之御制度ニ御回復被遊候《あそばされ》ニ付テハ、先《まず》第一神祇官御再興御造立《ごぞうりゅう》ノ上（以下略）」

神祇官というのは古代の律令にある朝廷の役所で、政治の中心である太政官と並ぶ高い地位をもっていました。大宝律令《たいほうりつりょう》（七〇一年）の「神祇令《じんぎりょう》」には「天神地祇は神祇官がつかさどる」と定められており、一月（現在は二月）の祈年祭をはじめ一年に宮中で行うべき神事が列記されていますが、祝詞をあげるのは中臣氏《なかとみ》、幣帛《へいはく》（供え物）を捧げるのは忌部氏《いんべ》があたり、天皇ではありません。

神祇官というものは中国の律令制にはなく、中国にならってつくられた日本の律令制の大きな特徴です。しかし、国家体制のなかでのその影響力は小さいもので、後には弱体化していきました。この神祇官を明治政府に新たにつくり、しかも太政官と並ぶ行政機関の筆頭に置きました。それは奈良時代の律令国家、ひいては神武天皇の初めに帰るということなのですが、西洋にならって近代国民国家をつくろうとした時期ですから、単に復古するのではなく、祭政一致によって近代国家の主体となる「国民」をまとめようという意図がありました。

この神祇官をつくった段階では、全国の神社、神職にかなり大きな権限を与え、国家的宗教の支えとするビジョンがありました。神仏分離令を出して、これまで仏教に与えていた特権と寺請《てらうけ》による戸籍管理で支配の下支えをするようなことを仏教から神道に移すことを考えていたわけです。

神社神道による国家統合の挫折

神仏分離については一八六八（明治二）年にいくつかの法令が出て、全国で多くの動きがありましたが、要するに神社優遇策です。日本の大きな神社の大部分は仏教施設とともにあり、神仏習合がゆきわたっていたのを無理やり引き離し、神々のいるところから仏像・仏具を取り払い、神社でも上位にいた僧（社僧）を追い出しました。これを受けて、廃仏毀《はいぶつきし》釈《やく》の動きも引き起こし、仏教そのものを叩くという事態にも至りました。また、上知令（じょうちれい・あげちれい。幕末に諸藩が行っていたが、明治政府としては、一八七一、七五年）といって寺社の土地を取り上げる政策も進められ、多くの領地をもっていた寺院勢力に多大な打撃となりました。

そして一八七一（明治四）年四月に全国の神社を官社《かんしゃ》と諸社《しょしゃ》の二種に分けて整理し、近代社格制度とよばれる格付けを行いました。官社は重要度によって官幣社《かんぺいしゃ》と国幣社《こくへいしゃ》に分け、官幣社は

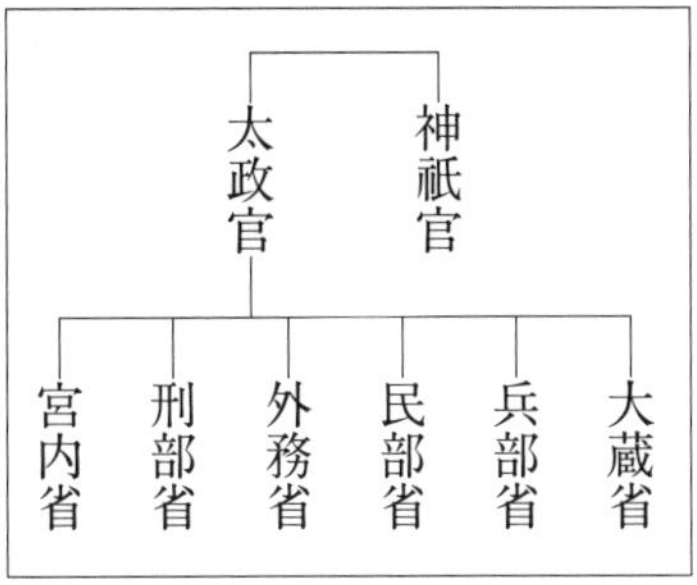

明治初期の官制　中央の官庁は太政官の下に6省が置かれた。それとは別に神祇官を置く。この図は1869（明治2）年、全国の大名に土地 と人民を朝廷に返還させる版籍奉還を行わせた後の中央官制である。

中央の神祇官が奉幣《ほうへい》、国弊社は地方官（府県）が奉幣する神社です。奉幣とは幣帛《へいはく》（供物）を奉納することを意味する言葉で、官幣社は国営の神社、国弊社は地方の公営の神社ということになります。

同年七月には「大小神社氏子取調（氏子調《うじこしらべ》／氏子改《うじこあらため》）」を布告。江戸時代の寺請制度による宗門改《しゅうもんあらため》を廃止して家ごとに一郷一社の氏子とし、子どもが生まれると神社に届けて氏子札をもらうことを義務づけようとしました。神道による全国民の精神的統一を考えたわけですが、とてもそれを支える人間がいないことがすぐにわかり、氏子調は明治六年には廃止されます。そして、戸籍制度は神社とは関わりなく、内務省管轄で実施されていきます。

皇室祭祀の重視

明治初期に政府は神祇官を頂点とする神祇制度を作って全国に及ぼそうとしたのですが、結局、十分に機能はしませんでした。一方、神社よりも天皇自身の祭祀（皇室祭祀）が重要だという考え方にそった施策は着々と具体化されていきます。天皇が宮中で直接祭祀を行うという「天皇親祭」という理念が掲げられ、宮廷の外にある神祇官に重要な機能があるという制度と食い違ってきました。そこで神祇官は一八七一（明治四）年八月に他の省と同

明治天皇の神宮親拝　皇祖の天照大神は古来、伊勢神宮に祀られ、おりおりに奉幣の勅使が派遣された。しかし、天皇みずから参拝したのは、1869（明治2）年、明治天皇が最初である。（『明治天皇紀附図』宮内庁蔵）

列の神祇省に格下げになります。さらにその神祇省も翌年にはなくなり、神祇を担当する役所の地位は下がっていきました。

天皇親祭ということからいえば、神々の祭りは神祇官と役所と神社に任せるのではなく、天皇自身が祭をすることが大事になってきます。この転換の背景には、神聖天皇を国民に鼓吹するという点では、神社というものがそれほど役に立たない、力にならないということが認識されてきたことがあります。それで神聖天皇崇敬の体制を神社組織とは異なるチャンネルで普及・強化していく方策を考えていくようになります。そして、神祇官に祀っていた神様も天皇の近くへ、つまりは宮中に移すことになります。神祇官が神祇省になり、やがて廃止されていくなかで、神祇官にはお祀りの場がなくなってくるわけです。それで皇霊殿《こうれいでん》と神殿が宮廷に移され（皇霊殿は一八七一年、神殿は七二年）、宮中で神器の鏡を祀っている賢所《かしこどころ》と合わせて、一八七二年に宮中三殿が作られます。これは一八八九年には大きな社殿となり、伊勢神宮と対応する国家の中心的な祭祀の場となるのです。そして、天照大神を祀る賢所と並んで、神武天皇以後の歴代の天皇皇族を祀る皇霊殿が大きな役割をもつようになります。やがて「皇居遥拝」が広まりますが、その皇居には宮中三殿があるわけです。

宮廷にこれらの大きな宗教的中心ができるのは歴史上なかったことです。三種の神器のひとつで天照大神の御神体だという八《や》咫鏡《たのかがみ》も、初代神武天皇からずっと天皇のそばに置かれていましたが、第一〇代崇《す》神《じん》天皇の時に宮廷から出し、諸処をめぐってやがて伊勢神宮に鎮座したとされます。神は天皇と共在させず、宮廷から外へ出すというのが古代の理念でした。ところが近代になって、また新たに宮中に呼び込まれました。そしてさらに宮中祭祀が増幅し、その意義が高められていきます。これは明治政府が神聖な権威を天皇に集中した近代国家として新たな体制をつくろうとしたことの表れです。

三　統治理念を掲げた「大教宣布の詔」

教部省による合同布教体制と「皇道興隆の御下問」

前節で述べたように神祇の祭祀は政府から宮中に移されましたが、それとともに皇室祭祀を行う神聖天皇をいただく精神文化を国民に広めるという課題が追求され続けます。まず宗教政策ですが、そのためには仏教も含め諸宗教が協力して天皇崇敬を支える体制を模索することになります。

それが一八七二（明治五）年からの教部省《きょうぶしょう》体制になります。「三条の教則」というものを立てて、「仏教も神道もこの教則にのっとった布教＝国民教化をせよ」というものです。その三条の教則とは、「敬神愛国ノ旨ヲ体スヘキ事」、「天理人道ヲ明《あきらか》ニスヘキ事」、「皇上ヲ奉戴《ほうたい》シ朝旨ヲ遵守セシムヘキ事」というものです。そして、大教院という宗教施設を増上寺に作り、各地に中教院・小教院を作るのですが、そこには造化三神（天御中主神《あめのみなかぬしのかみ》、高皇《たかみ》産《むす》霊神《ひのかみ》、神皇《かんむ》産《す》霊神《ひのかみ》）と天照大神が祀られました。仏教にとってはたいへん屈辱的な体制でした

（小川原正道『大教院の研究』）。「三条の教則」というのをそれだけ読むと、それほど特定宗教色が目立つものには見えませんが、「皇上を奉戴し」というところが重要です。諸宗教の上位に神聖天皇崇敬を位置づけるものだからです。

ここに至るまでに、一八六九（明治二）年五月に「皇道興隆の御下問」という文書が出されています。「御下問」ですから、天皇から「皇道興隆」のために意見を出すように促したものです。それは「我が皇国は天神天祖極《きょく》を立《たて》、基《もとい》を開き給ひしより、列聖相承、天工に代り、天職を治め、祭政維一《ゆいいつ》、上下同心、治教上《かみ》に明《あきらか》にして、風俗下《しも》に美《うるわ》しく、皇道昭昭、万国に卓越す」という文から始まります。日本は神々が開かれてより歴代の聖帝が受け継いで天に代わって治め、人々が心をひとつにして上《かみ》は「治教」に明るく、下《しも》にも風習美しく、皇道の明るいことは万国に卓越している。しかし、中世以降は道を尊ぶ人心が希薄になり、それに乗じて外教《がいきょう》（外来の仏教など）が皇道を乱して近時に至る。天運は循環して今日の維新の時に至ったけれども、いまだ綱紀は回復していない。よって、天祖以来の固有の皇道を復興されるべきだといいます。

「大教宣布の詔」

これを受けて、一八七〇（明治三）年一月に「大教宣布《たいきょうせんぷ》の詔《みことのり》」が出されます。「皇道」

明治天皇・皇后の肖像　天皇と皇后の肖像画や写真は「御真影」として国民に礼拝されるようになる。天皇・皇后とも「文明開化」を象徴するような洋装である。

がここでは「大教」となっています。これこそが神聖天皇をいただく日本の「教」（治教）だというもので、国家の精神的支柱を定めたひじょうに重要な「詔」、すなわち神聖天皇の言葉です。

朕恭しく惟るに天神天祖極を立て統を垂れ列皇相承け之れを継き之れを述へ祭政一致億兆同心治教上に明かに風俗下に美なりし　而して中世以降時に汚隆あり道顕晦あり　今や天運循環百度維《こ》れ新なり宜しく治教を明らかにし以て惟神の道を宣揚すへきなり　因て宣教使に命じ天下に布教す汝群臣《なんじぐんしん》衆庶《しゅうしょ》其れ斯旨《このむね》を体せよ。

ここに言う「治教」は治世の教のことで、神聖な天皇をいただく国家統治にそった国民の訓育の教えを指す言葉でした。「惟神《かんなが》の道」は神の御心のままに生きることで、神道と捉えられるのが普通ですが、「大教宣布の詔」に言う「惟神の道」は「宗教」の神道ではないと考えられました。それについては浄土真宗本願寺派の代表的な僧の一人だった島地《しまじ》黙雷《もくらい》（一八三八〜一九一一年）が一八七四（明治七）年の「建言教導職ノ治教宗教混同改正ニツキ」という文で、人々を教導する者は「治教」と「宗教」を混同してはいけないとして次のように述べています。私の現代語訳です。

そもそも神道とは何かについて自分は詳しいわけではないが、それがいわゆる「宗教」ではないことはわかっている。そうであるのに、これを今、新たに宗教にしようとするのは、国内に害を及ぼし、海外には侮りを受けることになる。まだ仏教の入る前に時代の日本では、治教があるだけだった。だから、治教がすでにあるところに宗教があるのは何ら問題がないが、一人の人が二つの宗教を持つことはできない。これまで天皇が仏教を奉じてきたのは個人として宗教に入ったのであって、それでも民を治めて天下に君臨なさるのは惟神の道を失うものではなかった。（中略）教部省が新たに神道を宗教として立てようとしているのは宗教と治教を混同するものだ。しかし、宗教（宗門）は妄りに作ることができるようなものではない（『島地黙雷全集』第一巻、六四〜六五ページ）。

「日本型政教分離」は実は神聖天皇崇敬体制

島地は、歴代天皇の朝廷や法令が惟神の道であったし、皇祖以来の「治教の大道」が本来の神道であり、それは宗教ではないと言います。そして、「治教」と「宗教」をまぜこぜにすべきではないとして、西洋諸国でも唱えられている近代国家の原則として信教の自由、政教分離を主張します。西洋諸国からキリスト教の布教の自由を求められていた新政府は痛いところをつかれたわけです。

島地黙雷（1838〜1911年）　浄土真宗本願寺派の僧。1871（明治5）年出発の岩倉使節団に同行。政教分離、信教の自由を主張した。

島地らの言論が功を奏して、一八七五（明治八）年二月にまず真宗四派が大教院から離脱し、五月に大教院が解散します。教部省は一八七七（明治一〇）年に廃止、内務省社寺局に改組されます。それは神社や寺院を管轄する役所です。ところが、神社が諸宗教と同格になり、国家機関としての地位をなくすことはできないということで、一八八〇年代前半に「神社は祭祀であって宗教ではない」という体制へと転換します。祭祀は宗教の一部として捉えるのが普通ですから、この分け方には無理があります。そして後には、神社は内務省、宗教は文部省の所轄となり、国家の管轄が画然と分けられます（一九〇〇年）。

これが明治時代から敗戦までの「日本型の政教分離」です（安丸良夫『神々の明治維新』、井上順孝・阪本是丸編『日本型政教関係の誕生』）。西洋諸国では、キリスト教の特定教会が国家と一体となることを抑え、諸教会に対等の地位を与えるものでしたが、日本では諸宗教団体の上に、宗教ではない「祭祀」として神社神道・皇室神道を位置づけ、神聖天皇に連なる神社に特別の地位を与えるかわりに、他の宗教は国家から切り離して対等に遇し、神聖天皇の「祭祀」に服する限りで「信教の自由」を与えられるというものでした。

維新政府は国民の統合を企図して宗教中心の国づくりを目指したのですが、第一段階でまず神道国教化が失敗し、次に三条の教則に基づいて諸宗教が天皇崇敬の元に合同で布教するという体制をつくります。しかしそれも崩れて皇道・治教と宗教を分けて、神社神道を前者に位置づけ、実質的に諸宗教が皇道・治教に協力する体制をつくりました。それで信教の自由が成り立ったのかというと、そうではなくて、その間に天皇崇敬の体系が強化されていき、天皇崇敬に服せざるをえない体制となっていきました。天皇親祭、つまり天皇自身が神をお祀りする体制の下に、「祭祀」であるとされた神社神道が上位に、そしてその下に諸宗教が位置づけられる体制になったわけです。

四　天皇の祭祀によって国民を統合する

天皇の祭祀を整えていく

最初に「五箇条の御誓文」が天神地祇に誓う形で行われたように、「神」や「霊」への国の関与が強まっていったのは天皇親祭による祭祀を頂点とする儀礼的実践です（武田秀章『維新期天皇祭祀の研究』）。一八六九（明治二）年三月には東幸（京都から東京への旅）に際して伊勢神宮に立ち寄り、親拝しました（五一ページ参照）。これは歴史上なかったことで、史上初めて天皇自身が伊勢神宮に参拝したのです。江戸時代の天皇はだいたい宮中にいて遠くへ出て行かなかったけれども、明治になって外へ出て行くようになります。そして天皇自身が先祖を祀り、神武天皇陵などの山陵にお詣りに行くようになります。

歴代天皇の陵の所在は、江戸時代のある時期まではよくわかっていませんでした。尊皇の気運が高まった幕末の文久《ぶんきゅう》年間（一八六一〜一八六五年）に幕府が大規模に天皇陵の探索と修陵を行いました。なかでも初代天皇である神武天皇の陵は『古事記』『日本書紀』によれば畝傍山《うねびやま》（奈良県橿原市）の近辺にあるはずなのですが、そのあたりに神武天皇の陵だと伝える塚のようなものが複数ありました。結局、時の孝明《こうめい》天皇の勅《ちょく》によって、その一カ所を神武天皇陵と決め、周囲に玉垣をめぐらし、鳥居を立てて現在の形にしました。

そして一八七二（明治五）年には『日本書紀』に記された干支と歴代天皇の在位年数などに基づいて神武天皇即位の年を算定して二五三二年前とし、翌年、紀元節《きげんせつ》（現在の建国記念の日）を定めました。その日は『日本書紀』に「春正月の朔《ついたち》（一月一日）」と記されていますが、新暦によって二月一一日を紀元節としたのです。

天皇崇拝を軸とした祝祭日の制定

明治維新後の最初の祭日の構想は一八七〇（明治三）年で、大正月、小正月、上巳《じょうし》の節句、端午の節句、七夕の節句、中元・お盆、八朔《はっさく》・田実《たのみ》の節句、重陽《ちょうよう》の節句、天長節《てんちょうせつ》で、天長節以外は従来の習慣に沿ったものでした。ところが、一八七三（明治六）年には太政官の布告で、天皇の祭祀を基軸にした年間の祝祭日が定められます（所功『「国民の祝日」の由来がわかる小事典』）。

一月三日は元始祭《げんしさい》。これは天照大神の孫のニニギノミコトが天から降されたとされるのを祝う日です。一月三〇日は孝明天皇祭。明治天皇のお父さんのお祭りですね。孝明天皇は慶応二年一二月（一八六七年一月）に三六歳で病没しました。それで明治天皇が一六歳で即位して、すぐに明治維新になります。孝明天皇の陵は天皇家の菩提寺「御寺《みてら》」である京都東山の泉涌寺《せんにゅうじ》の裏山につくられ、明治天皇が亡くなったときも、陵は京都につくるのが当然だということで伏見桃山陵がつくられました。今の伏見区にあり、孝明天皇陵の近くです。

二月一一日は紀元節でした。三月の春のお彼岸は春季皇霊祭。お彼岸は先祖の祭ですが、それを神道式にし、歴代天皇を祀る祭日にしたわけです。四月三日は神武天皇祭。これは紀元節とは別で、神武天皇の崩御日を新暦四月三日として、宮中の皇霊殿と神武天皇陵で行われるようになりました。

九月一七日は神嘗祭《かんなめさい》。伊勢神宮で行われる穀物の稔りに感謝する祭祀で、のち一〇月一七日に変更されます。九月のお彼岸は春と同様に秋季皇霊祭。現在の春分の日と秋分の日です。一一月三日は天長節。これは明治天皇の誕生日で、のち（一九二七年）に明治節、さらに今の文化の日になります。一一月二三日は新嘗祭《にいなめさい》、天皇自身が神とともに秋の収穫を祝う宮中祭祀で、伊勢神宮の神嘗祭と対応した祭で、今の勤労感謝の日になります。

このように明治の初めに決められた祝祭日はほとんどニニギノミコトから神武天皇へ、そして歴代天皇、さらにその子孫の今上天皇に至る神聖天皇の祭りになりました。そこには儒教的な孝の考え方もかなり入っています（小島毅『天皇と儒教思想』）。皇祖皇宗《こうそこうそう》の祭が国家の儀礼となる、これが祭政一致の具体化の一つの柱となります。このように天照大神と歴代天皇を祀る神聖天皇という理念が日本社会に深く影響を及ぼしていくのです。現代の日本の祝祭日のかなりの部分は、天皇が皇祖皇宗に関わる神道行事が行われる日です。

会沢正志斎『新論』の祭祀国家の構想

第一章でお話しした後期水戸学の会沢正志斎《あいざわせいしさい》の『新論《しんろん》』でも祭祀の重要性が強調され、儒教の教えによって意義づけられています。要するに国家統治のためには儀礼が大事だということです。「礼」を尊ぶのは儒教の教えの基本ですが、ここで強調されているのは、儀礼をしっかり作用させれば民衆は落ち着くという上から治める立場の政治的な考えです。

儒教の権威主義的な側面を取り込んだ考え方です。

中国で国家を意味する「社稷《しゃしょく》」という言葉ももとは祭祀のことでした。「社」は神社の「社」ですが、もとは土地の神を祀る祭壇のこと。稷は穀物の稔りの神を祭る祭壇のことです。皇帝は先祖を祀る宗廟などとともに社稷の祭りを重視しました。社稷はその地の国家を象徴する重要な祭祀の場で、国が滅ぼされると、まず社稷が破壊され、征服した王によって新しく社稷がつくられました。

こういう儀礼中心の国家観は江戸中期の儒学者の荻生徂徠《おぎゅうそらい》（一六六六～一七二八年）なども尊んでいました。この儀礼重視の国家観が、キリスト教とともにやってくる西洋諸国の影響を恐れた一九世紀になって尊皇攘夷思想と結びついていきます。それを強力に打ち出したのが『新論』で、「祀礼を以て敬を教ふれば、すなはち民苟《いや》しくもせず」と言います。『論語』「泰伯」に「子曰はく、民は之に由らしむべし。之を知らしむべからず」とあります。また、「而して民に敬を教ふるは、祀より大なるはなし」と『周礼《しゅらい》』「地官」の「祀礼を以て敬を教ふれば、すなはち民苟《いや》しくもせず」との句を会沢は引いています。秩序を敬う気持ちは、しっかりお祭りごとを行うことによって教えることができるということです（子安宣邦『国家と祭祀』）。

皇道にそった神社神道の形成

水戸学の祭政一致による国家統合という理念は、皇室祭祀を確立し、それを国民生活にも及ぼしていくことによって具体化されていくわけですが、この方針の下で全国の神社の役割が再構成されていきます。「天皇の祭祀」を核として、伊勢神宮を頂点とする全国の神社がそれに参与し、神聖天皇を支えていく体制が作られていきます。全国の神社は社格によって序列づけられ、伊勢神宮を頂点とする統合的な組織へと組み立てられていきます。一八九四(明治二七)年には、祝祭日に行われる宮中での神道行事に合わせて、全国の神社で同趣旨の祭祀が行われることとなりました。こうして明治末期にその数二〇万と言われた全国の神社が神聖天皇の関与する皇室祭祀の体系に組み込まれていきました。

また、神聖天皇崇敬を中核とする皇道論的な神道を教える神職養成機関が作られ、皇道論を身につけた神職が育てられていきます(拙著『国家神道と日本人』)。東京では一九八二年に皇典講究所が設立されます。開校式にあたって総裁有栖川宮熾仁親王《ありすがわのみやたるひと》は告示で、「凡《およそ》学問ノ道ハ本ヲ立ツルヨリ大ナルハ莫《な》シ、故ニ国体ヲ講明シテ以《もっ》テ立国ノ基礎ヲ鞏《カタ》クシ」と述べ、宍野半《ししのなかば》幹事は生徒らに「身を国家に委せ、一己の身を思はず、皇道の真理を明らめ、学成る後は勉めて国家に尽す所あらんことを」希望したといいます。同じ年、伊勢では皇學館が設立されます。一八八七年に定められた「神宮皇學館規則」には、「皇學館は我《わ》建《が》国ノ体及君臣ノ大義ヲ弁知スルニアリ」と規定され、「皇学」が学ぶべきものの柱とされました。

こうして神社と神職が皇室祭祀の下に、また皇道・皇学の下に組織化されていきました。これによって行政上、「宗派神道」「教派神道」「宗教神道」と区別されて「神社神道」とよばれる教団ができていきます。実際に神社へ参拝にくる人々は必ずしも皇道に心服しているわけではありません。しかし、社格の高い神社はやがて国家からの財政支援を受けるようになり、神職は公務員待遇で内務省と道府県に所属することになっていきます。

この神社神道を「国家神道」とよぶ行政用語がつくられましたが、それは皇室祭祀や神権的国体論や神聖天皇崇敬の体系を含んでいません。狭い「国家神道」を指す用語法です。その後、戦前には神道学者らが、また戦後には宗教学者らが皇室祭祀や神権的国体論や神聖天皇崇敬なども含み込んだ広い「国家神道」という語を用いるようになります（阪本是丸『国家神道形成過程の研究』、新田均『近代政教関係の基礎的研究』、葦津珍彦・阪本是丸『新版 国家神道とは何だったのか』）。明治維新後の神道の流れを理解する上では、広義の「国家神道」が適切というのが筆者の立場です（拙著『国家神道と日本人』）。

五　皇道・国体理念と神聖天皇崇敬体制

江戸時代からの国体論と明治

明治初期の祭政一致、祭政教一致の動きは明治維新後に次第に具体化されていったわけですが、その思想的基盤は、第一章で話したように後期水戸学の皇道論でした。こうした動きを受けて、明治政府を方向づける皇道論を提唱していた人の一人に長谷川昭道《はせがわあきみち》（一八一六～一八九七年）がいます。彼は信濃松代藩士で、同藩士の兵学者、佐久間象山《さくましょうざん》の弟子です。国家の統合を実際的に考える人で、その立場からの皇道論でした。国学者のように神道の方に向かって、海外の外来思想はすべて排斥するのではなく、洋学も儒学も仏教も生かして全体を天皇中心の皇学、皇道で統合するという考え方を示しました。

一八六九（明治二）年の「皇道興隆の御下問」、一八七〇（明治三）年の「大教宣布の詔」は長谷川昭道が起草したという推定もなされています（飯島忠夫「長谷川昭道の皇道述義」）。明治になって、西洋の制度を採り入れます。軍隊も学校もモデルは西洋からもってきます。そのなかで長谷川昭道は皇道、皇学を学校制度の中に位置づける提案もしましたが、これは実現しません。学校教育に皇道、皇学は入ってこなかったのです。

それ以前に武士の学校である藩校《はんこう》が一八世紀の終わり頃から全国につくられていきますが、その基本は儒学で、そこに国学とか皇学の要素が入っていきます。一九世紀の前半から幕末にかけて次第に皇道、皇学が増えていきますが、これは水戸学などによって皇道の中身が明らかになってきたことと対応しています。しかしそれを近代国家の制度にどう位置づけるかは、近代国家というのをよく知らなかった段階では方針が立たなかったのです。

薩摩・長州を中心とする藩閥《はんばつ》政府は、西洋、特に欧州を視察して、その路線で近代化を進めました。それに反抗する士族を対外的な強硬策でなだめたり、西南戦争等で排除したりし、また当初の学校教育もそうですが、欧風迎賓館の鹿鳴館《ろくめいかん》（一八八三〈明治一六〉年落成）に象徴されるような欧化政策をとりました。

一方で宗教制度の方は神道を優遇しましたが、神道には一向に力がないので、皇道を具体化する道が見えなかったわけです。理念としては天皇中心の国家を作るということでしたが、近代国家を作るには天皇自身の介入はちょっと邪魔な部分もあります。明治政府を主導した大久保利通《おおくぼとしみち》から伊藤博文《いとうひろぶみ》へという現実主義的な政治家の立場から見れば、近代国家の形成という課題が見えていない天皇が、政治面で表に出てくるのは好ましくありませんでした。しかし、神聖な天皇を広く国民に知らしめ、その権威に国民が服する体制は早急に組み立てなければならなかったわけです。

教育勅語の皇道と治教

西南戦争後の一時期、明治天皇の側近である侍補《じほ》らにより天皇親政運動が行われました。「君側《くんそく》の奸《かん》」という言葉があります。実力を持つ一部勢力が天皇を横に置いて、勝手に日本の政治を動かしている。国民と天皇に距離ができ、このために国はまとまりを欠いて、間違った政治が行われている。これは藩閥政府に対する批判（「有司専制」批判）でもありました。その矛先を避けるべく天皇親政運動を主張したのが儒学者の元田永孚《もとだながざね》（元熊本藩士）、政治家の佐々木高行《ささきたかゆき》（元土佐藩士）、歌人の高崎正風《たかさきまさかぜ》（元薩摩藩士）などです。思想的背景はさまざまですが、天皇に帝王教育をするとともに天皇の権威を高める役割を負う側近たちです（飛鳥井雅道『明治大帝』）。

彼らの運動は伊藤博文らによって抑えられます。天皇は政治に直接にはタッチしない。プロイセン流の立憲君主でいくということになりました。そういう中で天皇自身は道義的な面での指導に関心を高めました。一六歳で天皇になり、元田永孚らに帝王としての責任があると教えられ、それに応じて勉強にも熱心に取り組み、統治の責任を強く意識する天

西南戦争のとき、新政府軍は天皇から下賜された旭日の軍旗を掲げて戦った。

皇になりました。天皇親政運動は天皇の意思に適っていた部分もあったわけです。

なお天皇親政運動に関わった人々の幾人かは、後に神職養成機関である皇典講究所や國學院に関わっていきます。神社界の組織化を通して、神聖天皇前面化の意図が具現されていきました。

皇道の具体化としての教育勅語

この過程で天皇側からいくつかの文章が出てきます。一つは一八七九（明治一二）年に天皇から政府参議の伊藤博文と寺島宗則《てらじまむねのり》（文部卿）に出された「聖旨教学大旨《せいしきょうがくたいし》」（「教学聖旨」）です。それは「輓近《ばんきん》専ラ智識才藝ノミヲ尚《とう》トヒ文明開化ノ末ニ馳セ品行ヲ破り風俗ヲ傷《そこな》フ者少ナカラス」等と述べています。文明開化以来、教育が知育に偏って古来の美しい風俗を傷つけているので、徳育を重視せよというのです。近代国家の実学教育を急いでいた伊藤博文は、この文書を実際に書いたのが天皇ではなく元田永孚だと知ると、「教育議」を書いて、「特定の教義による教育はいけない」「中立的な教育をやらないといけない」と反論し、それに対して元田が「教育議附議」という文で反論します。

その中に「祭政教学一致」という言葉が出てきます。皇道論的な思想がここに流れ込んできていることがわかります。長谷川昭道が提起した「洋学も儒学も仏教も天皇中心の皇

「教育勅語」 その日、風邪気味だった病床の明治天皇から文部大臣の芳川顕正に下賜された（『明治天皇紀附図稿本』宮内庁宮内公文書館蔵）。「教育勅語」の全文は以下のとおり。

朕惟フニ我カ皇祖皇宗國ヲ肇ムルコト宏遠ニ徳ヲ樹ツルコト深厚ナリ我カ臣民克ク忠ニ克ク孝ニ億兆心ヲ一ニシテ世世厥ノ美ヲ濟セルハ此レ我カ國體ノ精華ニシテ教育ノ淵源亦實ニ此ニ存ス爾臣民父母ニ孝ニ兄弟ニ友ニ夫婦相和シ朋友相信シ恭儉己レヲ持シ博愛衆ニ及ホシ學ヲ修メ業ヲ習ヒ以テ智能ヲ啓發シ德器ヲ成就シ進テ公益ヲ廣メ世務ヲ開キ常ニ國憲ヲ重シ國法ニ遵ヒ一旦緩急アレハ義勇公ニ奉シ以テ天壤無窮ノ皇運ヲ扶翼スヘシ是ノ如キハ獨リ朕カ忠良ノ臣民タルノミナラス又以テ爾祖先ノ遺風ヲ顯彰スルニ足ラン

斯ノ道ハ實ニ我カ皇祖皇宗ノ遺訓ニシテ子孫臣民ノ倶ニ遵守スヘキ所之ヲ古今ニ通シテ謬ラス之ヲ中外ニ施シテ悖ラス朕爾臣民ト倶ニ拳々服膺シテ咸其德ヲ一ニセンコトヲ庶幾フ

明治二十三年十月三十日

御名御璽

学・皇道で統合するという考え方」は、一旦は近代的な学校制度の導入によって挫折しましたが、天皇親政運動の中で元田などを通して「教学聖旨」で復活し、これが一八九〇（明治二三）年の「教育勅語」の元になります。

「教育勅語」は日本の国民を「臣民」と呼ぶ大日本帝国憲法が、同年一一月に施行される前に渙発されました。「教育勅語」は水戸学などの皇道思想、国体論に基づく神聖天皇の教えを天皇の言葉として宣言する文書です。それは、「朕惟《ちんおも》フニ我カ皇祖皇宗《こうそこうそう》国ヲ肇《はじ》ムルコト宏遠《こうおん》ニ徳ヲ樹《た》ツルコト深厚《じんこう》ナリ」と始められています。この「皇祖皇宗」は天照大神から神武天皇、そして歴代天皇を指しています。日本独自の神的な起源をもつ「徳」、すなわち道義の基盤だというのです。そして、家族や社会の秩序の教えを説いて、「一旦緩急アレハ義勇公ニ奉シ以テ天壌無窮《てんじょうむきゅう》ノ皇運ヲ扶翼《ふよく》スヘシ」という教えへと至ります。「天壌無窮ノ皇運」は「天壌無窮の神勅《しんちょく》」を背後にもった言葉です。

これは神聖な存在に言及した宗教的な「教」ですが、形の上で「政教分離」とするために「治教」であり「道徳」であって「宗教」ではないとされました。明治の初期に神聖天皇崇敬が国家の統治の基軸として採り入れられ、それが一方では「祭祀」として、他方では「教」として具体化されていきました。つまり神聖天皇を掲げる祭政教一致体制の基礎がつくられていったのです。

「教育勅語」が発布されると、それは御真影《ごしんえい》とともに学校行事の柱にもなっていきました。宮中祭祀が行われている祝祭日は神聖天皇の祭祀の日でもあります。学校行事では教育勅語が唱えられ、御真影とともに礼拝の対象となり、神聖天皇を讃える唱歌が歌われました。そして、「修身」の授業で「教育勅語」の「教」が説かれていきます。小学校は神聖天皇を讃える祭政教一致具体化の重要な場になりました（拙著『国家神道と日本人』）。

国民に姿を現した明治天皇

神聖な明治天皇が国民に意識化される過程について、多くの論者が重視しているのが行幸です（色川大吉『日本の歴史21　近代国家の出発』、多木浩二『天皇の肖像』、タカシ・フジタニ『天皇のページェント』、原武史『可視化された帝国』）。明治初期に天皇は国民に物理的に近づく儀礼的行為を行い、精神的にある意味で身近ではありますが、神聖で近づきがたい存在になっていきました。江戸時代の天皇は宮中から外に出る機会がまれな存在でした。徳川幕府は天皇の力を抑え込むためもあって、天皇が御所の外に出ることを禁止していましたが、明治政府は天皇を可視化しました。天皇が京都から江戸へ移ったのも、伊勢神宮に行ったのも、天皇を視覚化し人々の心に植え付ける意図があったわけです。

やがて御真影が広められていきます。天皇の肖像画ですが、エドアルト・キヨッソネー

武州六郷船渡図　1868（明治元）年９月20日、天皇が乗る鳳輦（輿）が京都御所を出て東幸に出発した。神器を納める内侍所の警護の兵など、供奉の者は3300余人。江戸時代最大の加賀百万石の大名行列に匹敵する規模の行列が仕立てられた。天皇の行列は天下の四民への示威になるとともに庶民が天皇を間近に見たり、天皇が稲刈りや地引網漁を見物して庶民の暮らしぶりを見る機会になった。そのため行列は東海道をゆっくりと進み、普通は２週間ほどの約500キロの旅程を１カ月近くかけた。上図は現在の神奈川県と東京都の境を流れる多摩川に船橋を架けて渡る天皇の行列を描いた錦絵。

が描いたものが代表的です。一八七三（明治六）年に奈良県の知事が県庁に掲げたいからと言って御真影を求めたのが最初で、一八九〇年代に学校へ下賜されるようになります。それは教育勅語とともに、学校において神聖天皇を顕現させる存在となります。すべての子どもたちが一斉に深々と礼拝すべき対象で、昭和期には奉安殿に収められるようになりました。天皇の肖像が神仏の像のように礼拝の対象として用いられるように

京浜鉄道開業式に行幸した天皇　1872（明治５）年、明治天皇は大阪および中国・西国巡行に出発。陸海軍の将官らと近衛兵が供奉し、沿道の町々では軒提灯をつるして巡幸を迎えた。以後、1885年までに６回の大巡行があり、ほぼ全国に及んだ。その行幸地が「聖蹟」「みゆき（御幸）」といった地名になっているところも多い。各地の旧家や旅館には今も「明治天皇行在所」といった表札を誇らしげに掲げているところもある。上図は1872年、京浜鉄道開業式に訪れた天皇の一行。（『明治天皇紀附図稿本』宮内庁宮内公文書館蔵）

なりました。

この明治初期の動きで、さらにもうひとつ重要なのは軍隊です。明治六年に徴兵令を制定し、同一五年に「軍人《ぐんじん》勅諭《ちょくゆ》」を布告して「朕は汝等《なんじら》軍人の大元帥《だいげんすい》なるぞ。されば朕は汝等を股《こ》肱《こう》（手足）と頼み」と述べて、国民皆兵の国軍は天皇の軍隊であるとします。それを軍人・兵士に示すため、明治天皇は大元帥の軍服姿で陸海軍の演習や観兵式に臨みました。さらに戦死者の忠勇を讃えて招魂社《しょうこんしゃ》・靖国《やすくに》神社を創建します。そして国民自身が天皇崇敬、国家神道の担い手になっていきました。

次章では、そうした「天皇教」の担い手になった軍隊について述べることにします。

第3章

天皇の軍隊

――国軍と靖国神社の創建

一　国民皆兵から軍人勅諭へ

国民皆兵と徴兵令

明治維新を戦った軍隊は江戸時代の藩ごとに編成されていました。そこで維新政府は、この軍隊を一国の国軍として組織する政策を進めました。まず、一八七〇（明治三）年二月、各藩の常備兵を全国一律にする編成規則を発令。元長州藩士で陸軍の山県有朋《やまがたありとも》（一八三八～一九二二年）と元薩摩藩士の西郷従道《さいごうつぐみち》（隆盛の弟／一八四三～一九〇二年）が軍制改革を進め、一一月、徴兵規則を制定して府・藩・県より石高一万石につき五人を徴兵すると定めました。翌一八七一（明治四）年に廃藩置県して全国から兵を集めて軍隊を組織しますが、それに際して薩摩・長州・土佐三藩の軍から親兵《しんぺい》（政府に直属して天皇と御所を護衛する軍で、のちの近衛師団《このえしだん》の元）を編成しました。反乱を警戒して中央は維新の中核部隊で固めたわけですが、一方では国民皆兵に動きます。翌七二（明治五）年には政府の兵部省を陸軍省・海軍省に改組し、天皇の勅により太政官が徴兵告諭《ちょうへいこくゆ》を布告しました。

徴兵告諭は「我朝《わがちょう》上古《じょうこ》ノ制　海内《かいだい》挙《あげ》テ兵ナラサルハナシ〈わが国古代の兵制は、海内〈日本〉の民すべてが兵士になった〉」と始まり、およそ以下のように述べています。

平安末期の保元・平治の乱の時代以来、綱紀がゆるんで兵権が武門の手に落ち、兵と農が分かれた。ようやく維新によって四民が自由の権利を得、兵農が合一した。皇国一般の民が国に報いる道に別はない。あらゆる物にかかる税が国費にあてられる。人もまた身心を尽くして国に報いねばならない。西洋人はこれを血税といっている。その生き血で国に尽くすという意味である。国家に災害があれば人々も災害が及ぶのだから、自己の災害を防ぐ基は国家の災害を防ぐことだ。国には兵備がなければならず、人々が兵役に就くのが天然の理である。西洋諸国は数百年来の研究・実践によって兵制を精密に定めている。政体・地理の異

山県有朋（1838〜1922年）　長州出身の軍人。陸軍の創設、国民皆兵の徴兵令の施行、軍人勅諭の布告などに関わる。

なる我が国では西洋の兵制の長所をとって、古昔の軍制を補い、海陸二軍を備え、全国の二〇歳以上の男子を兵籍に編入して緩急の用に備えることとする。地方の役人は徴兵令によって民庶に国家保護の大本を知らしめよ。

これによって一八七三（明治六）年に徴兵令を制定し、七九年に改正して徴兵検査などの細目の規定など、徴兵事務条例を定めました。この国民皆兵の徴兵令によって、江戸時代の主君のために命をかけて戦う武士たちから国民の軍隊、ひいては天皇のために命を捧げる軍隊への変革過程が始動します。その過程で二つ重要な展開がありました。軍人勅諭と統帥権《とうすいけん》の独立の布告です。

軍人勅諭を布告したわけ

軍隊は反乱を起こすことがあります。一八七七（明治一〇）年の西南戦争も武士の反乱です。もし西郷軍が勝ったら軍事クーデターになっていました。他にもいくつも反乱の企てがあって、西南戦争の後にもかなり有力な軍人たちが政府に直訴するようなことが起こったのです。一八七八（明治一一）年には竹橋《たけばし》（東京都千代田区の北の丸公園にある橋）付近に駐屯していた陸軍の近衛兵部隊が待遇への不満から暴動を起こす竹橋事件も起こりました。

こうした危険を抑えようと、一八八二（明治一五）年、軍人勅諭が明治天皇から陸海軍の軍人に布告されました。この軍人勅諭に当たる軍人兵士の規律の基となる文書も西洋諸国にあるのですが、それらに学びながら、天皇が軍人・兵士に語りかける文体で、「我国の軍隊は、世々天皇の統率し給ふ所にぞある」と天皇への忠誠ということが高く掲げられています。そして歴史を振り返り、神武天皇がみずから大伴・物部の兵たちを率いて大和を平定してより二千五百有余年だが、その間に堕落があったとします。藤原氏が力を強めた頃から軍事力が臣下に取られてしまい、中世には武士が兵力をにぎってしまったが、今こそ天皇が主、国民の軍隊が臣下という天皇直属の軍隊に復帰するのだとします。

続いて、祖宗《そそう》（祖神と歴代天皇）の恩に報いるには「汝等《なんじら》軍人がその職を尽くすこと」であると命じ、情愛をこめてのよびかけとなります。「朕《ちん》は汝等軍人の大元帥《だいげんすい》なるぞ。されば朕は汝等を股肱《ここう》と頼み、汝等は朕を頭首と仰ぎてぞ、其親は特に深かるべき」。現代語に訳します。「私は君たち軍人を統率する大元帥だ。だから私は君たちを手足として頼りにしている。君たちは私を頭と首として仰ぎなさい。そのように私たちの親しみは深く一体なのだ」。そして、「朕と一心《ひとつこころ》になりて力を国家の保護に尽くせば我が国の蒼生《そうせい》（人民）は永く太平の福を受け、我が国の威烈《いれつ》は大に世界の光華《こうか》ともなりぬべし」。以下、現代語訳です。「私と心を一つにして、力を国家のために捧げなさい。そうすればわが国の国民（青人草）は永遠に平和の幸を享受し、強国日本の威力は世界に輝き、尊敬されるだろう」。こう明るい希望を語ります。

神聖な天皇の情愛込めた語りかけ

後半では以下の五箇条の規範をあげて、その意義を説いていきます。

一　軍人は忠節を尽《つく》すを本分とすへし。
一　軍人は礼儀を正くすへし。
一　軍人は武勇を尚《とうと》ふへし。
一　軍人は信義を重んすへし。
一　軍人は質素を旨とすへし。

忠節の重視も目立ちますが、より重要なのは、その前の部分です。軍人勅諭はそこで、「天皇は頭で兵隊は手足。だから一体のものなのだ」と言います。だから、我々が勝利を得ることができるかどうかは、この一体の身体が上手く機能するかにかかっているのだというのです。さらに「朕が国家を保護《ほうご》して、上天の恵《めぐみ》に応じ祖宗の恩に報いまゐらする事を得るも得ざるも、汝等軍人が其職《その》を尽すと尽さゞるとに由るぞかし。我国の稜威《みいづ》振《ふる》はざることあらば、汝等能く朕と其憂《うれひ》を共にせよ。我武《わがぶ》維揚《これあが》りて其栄《えい》を燿《かゞやか》さば、朕汝等と其誉《ほまれ》を偕《とも》にすべし」というふうに直接軍人・兵士に語りかけ、天皇と軍人・兵士は情をともにする存在だということを強調しています。「上天の恩」「祖宗の恵み」「我国の稜威《みいづ》」と神聖な存在があげられていますが、いずれも語り手である天皇の背後にあるものです。その神聖な存在である天皇が、情愛を込めて崇高な使命にともにあたろうと訴え、いのちをかけて恩恵に報いよと命じているわけです。奉仕することがありがたいことだと教えつつ、情緒的な一体感をかもし出すような文章になっています。

「天皇の軍隊」と統帥権の独立

この軍人勅諭の形成史の研究があります（梅溪昇『軍人勅諭成立史』）。それによると、軍人勅諭の前段階として、一八七八（明治一一）年に陸軍卿の山県有朋の名で出された「軍人訓誡《くんかい》」がありましたが、それでは不十分と考えられました。徴兵制による軍隊が忠誠心で一体となるために、神聖な国体と規律ある軍隊の双方を強調しようとした藩閥政府の意思が基盤にあるわけです。軍人訓誡では不十分ということで、山県有朋の指示により「勅諭」の形にするとともに文案を練っていきました。西周《にしあまね》、井上毅《いのうえこわし》らも関わっていますが、こういう

福地桜痴(1841〜1906年)　元幕臣で本名は源一郎。政治家・ジャーナリストとして天皇の神聖化を進めた。

文体になったのは福地《ふくち》桜痴《おうち》（福地源一郎《げんいちろう》／一八四一〜一九〇六年）の関与によるものとされています。

福地桜痴は幕臣だった人で作家でジャーナリストです。政治家としても動き、『東京日日新聞』という政府側の新聞に関わっていた人です。軍人勅諭の天皇自身による呼びかけスタイルは福地桜痴がつくったと言われています。福地桜痴は自由主義的なところもあり、世間の色事もよく知っている。町人に近い感覚の人でもありました。他方、天皇主権を強調する私擬憲法「国憲意見」（一八八一年）も発表しており、政治的には神聖天皇崇敬を昂揚させようという側の人でした。「国憲意見」の「第一章帝室」の冒頭には、「皇統ハ神種ナリ、我日本国ノ定位ハ天照大御神《あまてらすおおみかみ》ノ御子孫ノミ天日嗣《あまつひつぎ》ニ立タセ給フベキ事」と述べられています。

こうして戦前の日本の軍隊が「天皇の軍隊」となることを方向づける文書がつくられていきました。軍人勅諭と同様に規律ある近代的な軍隊を構成し、軍隊が政治に口を出すこ

靖国神社　1895（明治28）年12月17日、日清戦争の戦死者の臨時合祀祭に行幸した明治天皇。（『明治天皇紀附図稿本』宮内庁宮内公文書館蔵）

とをやめさせようという意図から、ドイツの制度に倣って軍令と軍政を分離しました。具体的には政府に属する陸軍省・海軍省という軍政機関と、参謀本部という軍令機関を分離し、後者を天皇の直属ということにしたのです。天皇は「大元帥」ですから、軍事行動については参謀本部を通して軍隊に直接命令するということになります。これが、明治二二年制定の大日本帝国憲法の第一一条「天皇ハ陸海軍ヲ統帥ス」という規定となり、「天皇の軍隊」という特徴を強める結果を招きます。

もちろん、陸軍大臣、海軍大臣

は政府の閣僚ですし、陸軍省、海軍省も政府の中にあるわけですが、作戦を実行する参謀本部は天皇に直属して陸海軍を指揮する体制にしました〈海軍は一八九三〈明治二六〉年に参謀本部から分離して軍令部を置く〉。参謀本部がノーと言えば、軍隊は動きません。これが先々、「統帥権の独立」を盾にして軍隊が政治に口を出す制度的基礎になっていきます。規律に従う軍隊を目指すはずでした。しかし、「統帥権の独立」が、結局、神聖な天皇のために人々の命をたやすく犠牲にする軍隊をつくり上げていく制度的基礎の一つにもなりました。

二　招魂祭・楠公祭から招魂社・湊川神社へ

招魂社・靖国神社の創建

軍隊と神聖な天皇の結びつきでさらに重要なのは靖国《やすくに》神社です。靖国神社の創建については、同神社ホームページの「靖国神社の由緒」というところに次のように記されています（二〇一九年二月、参観）。

靖国神社は、明治二年（一八六九）六月二十九日、明治天皇の思し召しによって建てられた招魂社《しょうこんしゃ》がはじまりです。明治七年（一八七四）一月二十七日、明治天皇が初めて招魂社に御親拝の折にお詠みになられた「我国の為をつくせる人々の名もむさし野にとむる玉かき」の御製からも知ることができるように、国家のために尊い命を捧げられた人々の御霊《みたま》を慰め、その事績を永く後世に伝えることを目的に創建された神社です。

靖国神社は明治天皇の意向で、幕末から維新に至る争乱で死んだ人々を慰霊するためにつくられた招魂社でした。明治天皇の言葉として「国家のため」とありますが、これは実はまた「天皇が祀る国家のため」であるということが招魂社の歴史を見ていくとわかってきます。また、天皇の意向でとされていますが、新政府の意向によって天皇の意向によるものとされたのです。天皇の意向を表に出しているのは、尊皇の軍隊の祭祀の場として形成されたということを示しています。

設立されたときの靖国神社の呼称は「東京招魂社」です。そして、西南戦争後の一八七九（明治一二）年に明治天皇が「国を靖《やす》んずる」という意味の「靖国」と命名したということです。「靖国神社の由緒」には、「明治天皇が命名された「靖国」という社号は、「国を靖（安）んずる」という意味で、靖国神社には「祖国を平安にする」「平和な国家を建設する」という願いが込められています」と記されています。なお、その後、全国に多数の招魂社がつくられました。各地の招魂社は一九三九（昭和一四）年、護国神社と改称し、そのうち各県（神奈川県を除く）で一社が指定護国神社として府県社という高い地位を付与されました。

軍隊の創設と不可分だった招魂社の創設

靖国神社の参道中央には大きな大村益次郎《おおむらますじろう》（元長州藩士／一八二四～一八六九年）の銅像が立っています。一八六九（明治二）年三月、奠都遷幸と同時に天皇の勅命により東京招魂社の造営を開始。九段坂上（靖国神社の現在地）に社地が選定され、造営が終わった六月末に鎮座祭と招魂祭（第一回合祀祭）が行われました。非常に早い造営です。その造営は大村益次郎が主軸になって行われました。長州藩出身の大村は戊辰《ぼしん》戦争で大きな役割を果たし、軍務官副知事として近代国軍創設を先導する地位にありました。同年九月に大村は京都で急進的な兵制の改革に反対する刺客に襲われ、深手を負って翌月四六歳で死亡しましたが、その大村益次郎の像が今も靖国神社の境内の中心にあるわけです。

招魂社は明治維新前後に次々と建てられていきました。一八六五（元治元）年には下関に招魂場が建てられました。一八六三（文久三）年に下関四国艦隊砲撃事件があり、高杉晋作《たかすぎしんさく》らが殉難者の霊を祀るために建議したもので、現在は桜山《さくらやま》神社となっています。一八六八（明治元）年には京都東山の霊山に招魂社ができ、これが現在の霊山護国《りょうぜんごこく》神社です。京都の東山は東西両本願寺の墓地や清水寺がある霊地的なところです。そこに一八二三（文政六）年に朝廷の下級官人だった村上都愷《くにやす》という人が霊明神社を創建し、霊明舎《れいめいしゃ》という神葬祭の施設をつくりました。ここに幕末の尊皇の志士たちの墓地が次々とできるようになります。そして一八六八（明治元）年五月、新政府は一八五三（安政元）年以来の国事殉難者を祀るべく太政官布告を出し、京都東山霊山に招魂社を造営しました。

ここには長州藩、土佐藩、水戸藩などの明治維新で戦った人多数の墓があり、その中に坂本竜馬の墓も桂小五郎《かつらこごろう》の墓もあります。そこは幕末維新期に尊皇の理念を掲げ、天皇側について死んだ志士たちを葬るところでした。その時に行われた儀式が招魂祭であり、それに伴って墓地をつくりました。その場所に招魂社が設立されました。こういう動きが各地に起こったわけです。

楠公祭と招魂祭

靖国神社の創建の前史を見ていきますと、招魂祭を行う招魂社・招魂場とともに、楠木《くすのき》正成《まさしげ》を祀る楠公祭《なんこうさい》と楠公社が広まっていったことがわかります。主に小林健三・照沼好文『招魂社成立史の研究』と村上重良の『慰霊と招魂』に学びながら述べていきましょう。

東京招魂社がつくられるのと同じ時期の一八六八（明治元）年四月、新政府は兵庫湊川《みなとがわ》（神戸市中央区）に楠正成を祀る「楠社」を造営することにしました。楠木正成は後醍醐天皇のために足利尊氏の軍勢と戦って英雄的に善戦し湊川で自刃し、忠臣として讃えられた武士です。それまで各地で「楠公祭」が行われてきましたが、新たに「楠社」の造営を指示しました。

国家的な楠社造営は、尾張藩の徳川慶勝《とくがわよしかつ》や薩摩藩から提起されていたことですが、京都ではなく湊川の地に決まったのは、以前から湊川に楠公社を創建しようとしていた薩摩勢の力が作用したとされています。湊川は楠木正成が自害をした場所で、楠木正成の「殉《じゅん》節地《せっち》」とされました。すでに江戸時代の一六九二（元禄五）年、水戸の徳川光圀《とくがわみつくに》が湊川に楠木正成の墓碑を建て、これが楠公顕彰の大きな動因となりました。

尊王攘夷運動が盛んになると、その思想基盤を提供した水戸学の影響が強まっていきます。嘉永《かえい》年間（一八四八～一八五四年）には水戸学を奉じる志士たちの間で、楠公忌にさかんに楠公祭が催されました（五月末）。佐賀藩では一八五〇（嘉永三）年の楠公忌に十数名の藩士が儒教式の楠公祭を行い、以後毎年、楠公祭を行うようになります（『慰霊と招魂』一八～一九ページ）。尾張藩では水戸徳川家出身の藩主徳川慶勝（一八二四～一八八三年）が楠公を崇拝しており、五六（安政三）年には楠公祭が営まれていました（同前、一九ページ）。

楠木正成を祀る楠公祭と尊皇に殉じた者たちを祀る招魂祭が融合してくる例も見られます。「政争の激化とともに、志士で非命にたおれる者がにわかにその数を増すと、天皇のために忠死した者を、楠公祭において、あわせて招魂し祀るように」なります。「一八六二（文久二）年五月二五日の楠公忌に、大坂で、真木和泉《まきいずみ》（保臣《やすおみ》）が営んだ寺田屋事件の殉難者八名の招魂祭は、この形式の招魂祭のもっともはやい例」とされます（『慰霊と招魂』一六ページ）。

真木和泉（1813〜1864年）　久留米藩士で水天宮の神職。本名は保臣。幕末に倒れた志士を祀る招魂祭を行った。

湊川神社の創建

久留米藩の神職、真木和泉（一八一三〜一八六四年）はその後も私祭で楠公祭を続けました。一八六三（文久三）年には下関で中山忠光《なかやまただみつ》、久坂玄瑞《くさかげんずい》らの同志とともに楠公祭を営み、六四（元治元）年には周防湯田で亡命中の三条実美《さんじょうさねとみ》らが営んだ楠公祭に参加します。長州藩でもこの年、山口の明倫館《めいりんかん》で最初の楠

創建当初の靖国神社　1869（明治２）年に東京招魂社として創建され、1879（明治12）年に靖国神社と改称した。写真は改称した頃の拝殿。（『奠都五十年史』より）

公祭が行われ、同年二月には下関での招魂場の建設が始められています。隣の津和野藩では、「一八六七（慶應三）年、藩校の養老館《ようろうかん》で、はじめて藩主の手で楠公祭が執行され」ました（同前、一八ページ）。福羽美静《ふくばびせい》らの津和野藩士は、これに先立って招魂祭を行っていました。

小林健三・照沼好文著『招魂社成立史の研究』は一八六四（元治元）年頃から六七（慶應三）年に各地に創設された招魂社と招魂場の数を二二社としています。また、『靖国神社誌』を引いて、六五（慶應元）年から七九（明治一二）年に建設された招魂社は一〇五社としています（二〇～二一ページ）。

こうしてみると、靖国神社は幕末から尊皇攘夷の志士たちの間で行われるようになっていた招魂祭と楠公祭、また、招魂社と楠公社の造営を受け、明治維新の早い時期に、国軍の創設に伴い、軍の主導の下に国家による造営が行われたということができます。

湊川神社は一八七二（明治五）年に創建されました。一八六八（明治元）年に造営が始まっていますから、創建の時期からいうと招魂社より早いのです。楠公祭の意味は天皇に忠誠を尽くして死んだ忠臣を祀ることですから、維新の志士を祀る招魂祭と意味が近いものです。楠木正成こそが天皇側について、愛国的な武力行動をする代表とみなされました。

三　招魂社設立の思想的背景

徳川光圀という源流

一八六二（文久二）年に長州藩の要請を受け、孝明《こうめい》天皇が幕府に下した勅文があります。

そこでは、多くの志士たちが天皇のために戦って殺されている。この霊を祀らなくてはならないと幕府に求めています。幕府に対抗して死んだ人たちをしっかり祀れ、ということです。なお、敵側の死者も祀るということを明治の新政府が自ら行うことにはなりませんでした。戊辰戦争の会津藩や西南戦争の薩摩側など、天皇側・新政府側と戦って戦死した兵は靖国神社には祀られていません。

招魂社増大の重要な転機になったのは一八六二（文久二）年一二月に、京都で行われた全国的招魂祭です。現在、霊山護国神社がある場所、一八六八年に京都招魂社ができた場所です。当時の招魂祭の祭式は多くは神道式なのですが、儒教式もかなりありました。そこから長州藩、薩摩藩、水戸藩などの志士の運動に神道と儒教の両方が関わっていたことがよくわかります。天皇に殉じて死んだ兵を祀る祭式を遡っていくと、楠公祭が一番早く見られます。もとはといえば、神戸の湊川、楠木正成が自害した「殉節地」近くに墓碑を建てた徳川光圀に遡《さかのぼ》ります。

「殉節」とは正義のために死ぬということですが、楠木正成の場合は後醍醐天皇に絶対の忠誠を尽くし続けて死んだので、湊川のその場所が「殉節地」とよばれたわけです。徳川光圀は中国で明《みん》が亡びて清《しん》へ変わる時に、明朝へ忠誠を尽くして日本に亡命してきた儒学者の朱舜水《しゆしゆんすい》を尊王の臣の模範として丁重に遇しました。光圀がつくった楠木正成の墓碑の表には「嗚呼忠臣楠子之墓《ああちゅうしんなんしのはか》」と書かれ、裏面には朱舜水がつくった楠木正成を褒める賛文「楠公碑陰記」を掲げています。

それ以来、湊川は朝廷のために戦う武士を象徴する場所になりました。そして、ペリー来航の近い嘉永《かえい》年間（一八四八～一八五四年）、攘夷運動が盛んになる時期に楠公祭がよく行われるようになりました。尾張藩主の徳川慶勝も楠公を崇拝し、尾張でも楠公祭が行われました。維新の内戦で全国各地で尊皇の志士が倒れたので、招魂祭、楠公祭を行い、時にそれを社にするということが起こってきたことになります。そういう多くの施設の中の中心施設として東京招魂社・靖国神社を建てたという経緯です。靖国神社は尊皇の志士の慰霊施設という特徴をもっていたことになります。

楠木正成と尊皇の先駆としての南朝

では、なぜ、このような招魂祭、楠公祭が行われるようになったのでしょうか。小林・照沼『招魂社成立史の研究』は、その背景に「近世に発達した水戸学、崎門学《きもんがく》、国学などの諸学派の主張した神道思想」と「幕末における尊皇攘夷という政治意識の高まり」があるとしています。第1章で述べたように、水戸学は徳川光圀以来の史学、崎門学は垂加《すいか》神道を創唱した山崎闇斎《やまざきあんさい》派の学問、国学は『古事記』『万葉集』などに日本の文化を求めて江戸時代中頃に生まれた学問で、尊皇を掲げるようになりました。

なかでも水戸学の影響が大きいとされます（尾藤正英「水戸学の特質」、子安宣邦『国家と祭祀』、小島毅『靖国史観』）。水戸学の創始者である水戸光圀が「大日本史」編纂を開始して以来、修史の大目標を「皇統を正閏《せいじゅん》し、人臣を是非す（皇統の正統・非正統を明らかにして臣下のありかたを問う）」とし、後醍醐《ごだいご》天皇が京都を出て吉野に移ったことに始まる南朝の吉野正統論を提唱しました。そこで、楠木正成を忠臣として高く顕彰することになります。光圀は吉野の「悲史」を播くかたわら、楠木正成の「孤忠」を賛美し、「嗚呼忠臣楠子之墓」という墓碑を湊川に建立したのです。

江戸時代初期には「太平記読み」が流行しました。『太平記』は南北朝の戦いを語る戦記物語ですが、「そもそも日本の始まりは」といった歴史も、楠木正成の戦いも語られます。それを講談のように語ったのが「太平記読み」です（若尾政希『「太平記読み」の時代』）。戦国時代に戦闘をもっぱらにしてきた武士たちが官僚になった江戸時代初期には、まだ儒学が身についていない段階で『太平記』などに拠り所を求めました。その中で、南朝に対する敬意が高まっていく。それを朱子学の大義名分論と結合し、一つの歴史観として体系化したのが水戸学でした。

幕末期の動乱期には多くの人が、楠木正成を偉大なモデルと見なし、「王事《おうじ》のために尽《じん》忠《ちゅう》の誠」を捧げようとします。これが招魂祭、楠公祭の基礎を形成し、幕末の尊皇運動の中で高まっていきました。招魂祭・楠公祭の背後には天皇のために命を捧げることこそ高い価値があるという考え方があるということです。ここでは新たに政治的な国体論が加わっていきます。その思想的な背景として重要なのが会沢正志斎《あいざわせいしさい》の『新論《しんろん》』です。

人が神になるということ

『新論』については尊皇攘夷思想と政治的な儀礼重視という点で前述しましたが、この『新論』では国家に功労があった人々が古代から神になっているとし、日本武尊《やまとたけるのみこと》を祀る大鳥神社を含め、鹿島《かしま》大社と香取《かとり》神宮、春日《かすが》大社、北野天満宮《きたのてんまんぐう》などを例にあげています。鹿島は天孫降臨に先立って武力で国つ神を抑えたタケミカヅチ（武甕槌神）、香取はそのタケミカヅチと行動をともにしたと日本書紀に記されるフツヌシ（経津主神）です。その鹿島の神が奈良へ飛んでいって春日の祭神になった。それが藤原氏の氏神で、宮廷を支える神社でした。忠臣の神々というのが、神社神道の主要な担い手なのだという思想です。

これは多くの日本の神々の信仰のあり方とは違います。日本の神々にも人が神になることはあるけれども、どちらかというと自然と結びついた崇拝対象が神になる。大きな山とか岩とか水源とか雷とか、そういうところに神が発生しているという方が多いのです。平《たいら》将門《まさかど》のように朝廷を脅かした御霊《ごりょう》が神になる例（神田明神《かんだみょうじん》）もありますが、これは『新論』の視野に入っていません。『新論』的な意味で人が神になるのは、中国の儒教的な「礼」の考え方に近いものです。これが神道に取り込まれて、天皇および天皇のために尽くした人々が神になるのだとされる。記紀神話にその早い例があり、これが国家神道につながり、明治以降の神社行政のなかで天皇の血筋を引いた者および天皇のために尽くした功臣を神にする、これは功績を讃える「祭祀」であって「宗教」ではないという神聖天皇を広めるのに都合がよい考え方につながっていきます。

また、会沢正志斎は『草偃和言《そうえんわげん》』で、国家に功績のあった忠節烈士を祭祀することで一般庶民の間にも自然に敬神の念が起こり、風教教化することができると説いています。この思想を具体的に示すべく、『草偃和言』には一年の祭日のリストがつくってあり、その中に楠公祭も入っています。この構想は神武天皇と現在の天皇に大きな役割が与えられた明治維新後の祝祭日のシステムとを先取りしているところがあります。

四　天皇の軍隊の精神主義

人のいのちが軽くなっていく軍隊

近代の日本の軍隊は、こうして「天皇の軍隊」といわれるような天皇への高度の忠誠心を掲げるようになり、精神主義の色濃い軍隊になっていきました。ついには武器や食料をはじめとする物資の後方支援が十分でなくても精神力で戦えば勝てる、というふうな極端なところまで進んでいきました。

特に内務班（兵営の居住単位）の暴力的な教育は理屈ぬきに上官・先輩兵に服従することを強要するものでしたし、太平洋戦争の開戦前の一九四一（昭和一六）年一月には「生きて虜《りょ》囚《しゅう》の辱《はずかしめ》を受けず。死して罪禍の汚名を残すこと勿《なか》れ」という陸軍大臣東条英機《とうじょうひでき》名の訓令「戦陣訓」が将兵に示達されました。捕虜になったら生きて国に帰れない。潔く死ぬしかないということで、ほとんど実際的な戦果はないにもかかわらず万歳突撃をするところまでになっていきます。「天皇の軍隊」は自軍の兵士のいのちを軽んじる傾向がたいへん目立つ軍隊となりました。

どうしてそうなったのか。幕末の尊皇運動の理念が直ちに明治国家に具現されたわけではありません。昭和期の「軍部ファシズム」（秦郁彦『軍ファシズム運動史』）に至るまでにはなお六〇年ほどの年月があり、明治時代にはそれほどまでに精神主義的な軍隊ではなかったのです。たとえば一九〇〇年の北清事変《ほくしんじへん》（義和団《ぎわだん》という民衆集団が蜂起して清朝が列強に宣戦布告した事変）で中国に出兵した八カ国の中でも日本軍は略奪行為が少なく、非常に節度があると評価されました。日露戦争（一九〇四〜一九〇五年）でも捕虜に対する待遇はしっかりしていて、たいへん丁寧に扱いました。欧米の軍隊に学びながら近代軍隊として冷静に軍事力や経済力をみて行動する面をもっていたのです。

ところが日露戦争以後、次第に精神主義が強まっていきました。世界に類のない国体をもち、神聖天皇をいただく軍隊はその精神力によって物質主義の敵国を打ち破ることができるというのです。その経緯については戸部良一『逆説の軍隊』や片山杜秀『未完のファシズム』、また戸部良一他『失敗の本質』などが参考になります。以下で明治期のそうした動きについて述べ、第6章でも大正後期から昭和前期の動きについて述べていきます。

転機になった日露戦争

具体的な例をあげましょう。戸部良一は松下芳男《まつしたよしお》という軍人出身の歴史家が、日露戦争後の一九〇六（明治三九）年頃に仙台の陸軍幼年学校の新入生だったときの経験を紹介しています。陸軍幼年学校とは今の中学生くらいの年齢（満一三〜一五歳）の男子から選抜して将校になるための教育を行った全寮制の学校です。その入校式の校長訓示の際、「天皇陛下」や「勅諭」という言葉が出るたびに上級生が踵を合わせて不動の姿勢をとるのでびっくりしたというのです。また、在校中に皇太子（のちの大正天皇）が来訪したとき、眼鏡をかけている者ははずせと命じられたといいます。そういうことが日露戦争後に行われたのです。

日露戦争では、ロシア艦隊が停泊する旅順港《りょじゅんこう》（山東省）を防衛するロシア軍陣地を攻略軍司令官の乃木希典《のぎまれすけ》（一八四九〜一九一二年）は人海戦術で攻撃しました。非常に堅固な陣地だったため、攻略が容易ではありませんでした。高台にある陣地に攻め上がる人が次々死んでいく。その死体を乗り越えてなんとか打ち破ろうとする。数カ月にわたってその困難が続きましたが、ついに攻略に成功した。こうした経験から、理論では成り立たないような精神力や、敵が思いも寄らない機知に富んだ攻撃で軍事的な劣勢を逆転できるという発想に囚われていきます。第一次大戦期の外国の軍隊もその影響を受けたようですが、日本軍では、やがて特攻作戦などに踏み込んでしまうことになります。靖国神社にみられるように、死んで神になるということは天皇と一体の軍隊の体質に合います。玉砕《ぎょくさい》とか特攻のようにいのちを犠牲にすること自体を神聖とするようなことは国家、天皇のためにいのちを捧げる宗教的な自己犠牲と言っていいでしょう。

このように「精神教育」が強調されるようになった一つの転機は、日露戦争後の「軍隊内務書」の改正です（『逆説の軍隊』一八六ページ）。この改正にあたってまとめられた「改正理由書」を戸部良一が次のように要約しています。

日露戦争が証明したように、戦争の勝利は軍人精神の横溢した軍隊に帰属する。当時日本は兵器でも兵力でも劣勢であった。その日本が勝ったのは、敵に対して形而上（精神的な面で）優越していたからである。将来の戦争でも、日本は敵に対して優勢な兵力を向けることができず、優越した兵器で戦うこともできないだろう。いずれの戦場でも、日本は劣勢の兵力と劣等の兵器で無理押しに勝利を追求しなければならないだろう。ここにこそ、精神教育の必要なる理由がある、と。（同前、一八八ページ）

神聖視される軍旗

こういうふうに精神主義が日露戦争後に展開していきました。ひとつの動きに軍旗の神聖化という問題があります。明治時代、陸軍の連隊旗は太陽から放射状に赤い条をのばした旭日旗《きょくじつき》でした。天皇が直接、連隊に渡すものです。それが神聖視されていきました。

一九一〇（明治四三）年に陸軍礼式が改正され、「軍旗は天皇に対するとき及び拝神の場合を除くほか敬礼を行うことなし」と決められました。旗手・軍旗衛兵・軍旗中隊は、上官であろうと誰であろうと、天皇以外には敬礼しない。「軍旗はあたかも天皇の分身であった。軍旗の扱いは丁重かつ厳格をきわめ、御真影（天皇の肖像写真）と同様の異常さを帯びてゆく。こうして、明治末期から、天皇の尊厳性と彼への忠誠心の表明はやや常軌を逸しつつあったのだが、国体論の強調がそれにさらに拍車をかけることになってしまう」（同前、二〇九ページ）ということです。

乃木希典（1849～1912年）　長州出身の軍人。日露戦争時に旅順口攻略の戦闘を指揮。明治天皇の崩御後、夫妻で殉死。

軍旗がそれほどに重大だと一般の民衆にも認識されるようになったのは、乃木希典が明治天皇の大喪《たいそう》（葬儀）に際して夫人とともに自決（殉死）したことも貢献しています。明治天皇は糖尿病の悪化により一九一二（明治四五）年七月二九日午後一一時に崩じました。ただちに践祚（次代が皇位を引き継ぐこと）するのが習わしですが、時間の余裕がないので三〇日の崩御として大正天皇が即位。大喪は九月一三日の夜、東京の青山練兵場（現在の明治神宮外苑）で行われ、伏見《ふしみ》桃山《ももやま》に陵が造成された京都に向けて柩《ひつぎ》を乗せた列車が発車しました。その夜、乃木夫妻は自邸で皇居に向かって自決したのです。

乃木が指揮した日露戦争のロシア軍旅順要塞攻略の戦闘でたくさんの将兵が死にました。その中に自分の息子がいました。乃木には二人しか息子がいません。二人の息子をともにこの戦闘でなくし、天皇から預かっている多くの将兵を死なせたことを申し訳なく思って乃木は殉死した。そのように思われたのですが、乃木がのこした遺書が公表されると、一八七七（明治一〇）年の西南戦争の時に政府軍を率いていて軍旗を敵に奪われたことが殉死の理由だったと記されていました。その遺書には、軍旗を失ったことを恥じて死に場所を求めていたと書かれていました。

> 自分此度《このたび》御《み》跡《あと》を追い奉り自殺《じさつ》候段《そうろうだん》恐入《おそれいり》候儀《そうろうぎ》、その罪は軽からずと存じ候。然《しか》る処《ところ》明治十年の役に於て軍旗を失い、その後死処《しにどころ》を得たく心掛け候もその機を得ず、皇恩の厚きに浴し今日迄《まで》過分の御優遇を蒙《こうむ》り、追々老衰最早《もはや》御役に立ち候時も余日無く候折柄、此度の御大変（明治天皇の崩御）何とも恐入り候次第、茲《ここ》に覚悟相定め候事に候。

日露戦争の旅順攻囲戦を指揮する乃木希典。

乃木にとって軍旗を失ったことがそこまで重大だとは知られていませんでした。乃木の殉死は、軍旗が神聖なものだということを強く印象づける出来事でした。

五　明治天皇崇拝と乃木希典の殉死

乃木希典と旅順攻略戦

乃木の天皇崇敬は長州萩の松下村塾の尊皇の志士たちを育てた吉田松陰《よしだしょういん》（一八三〇〜一八五九年）の「天下は万民の天下にあらず、天下は一人（天皇）の天下なり」という一君万民思想とも近く、水戸学の会沢正志斎や神道家の真木和泉《まきいずみ》などの尊皇攘夷の思想をそのまま引き継いでいます。その殉死にともなって天皇の忠臣としてのエピソードが新聞などで盛んに取り上げられ、情的で濃厚な忠誠心というものが国民の心に強く刻まれていくことになりました。

日露戦争から乃木が凱旋入京したのは一九〇六（明治三九）年の一月一四日です。乃木は直ちに皇居に参内し、明治天皇に対し「復命書」を奏上しました。旅順攻略と奉天会戦での戦績を淡々と述べた後、自らの感懐を述べる段に入ります。まことに感動的なものです。

> 之ヲ要スルニ本軍ノ作戦目的ヲ達スルヲ得タルハ　陛下ノ御稜威《みいつ》（威光）ト上級統帥部ノ指導並ニ友軍ノ協力トニ頼《よ》ル。而《しこう》シテ作戦十六箇月間我将卒《わがしょうそつ》（将兵）ノ常ニ勁敵《けいてき》（強敵）ト健闘シ、忠勇義烈《ちゅうゆうぎれつ》死ヲ視ルコト帰《き》スルガ如ク、弾ニ斃《たお》レ剣ニ殪《たお》ルルモノ皆陛下ノ万歳ヲ喚呼《かんこ》シ、欣然《きんぜん》トシテ瞑目シタルハ臣之《しんこれ》ヲ伏奏セザラント欲スルモ能《あた》ハズ。然《しか》ルニ斯《かく》ノ如キ忠勇ノ将卒ヲ以テシテ、旅順ノ攻城ニハ半歳ノ長日月ヲ要シ、多大ノ犠牲ヲ供シ、奉天《ほうてん》附近ノ会戦ニハ、攻撃力ノ欠乏ニ因《よ》リ退路遮断ノ任務ヲ全ウスルニ至ラズ、又敵騎大集団ノ我ガ左側背ニ行動スルニ当リ、此《これ》ヲ撃摧《げきさい》スルノ好機ヲ獲《え》ザリシハ、臣ガ終生ノ遺憾ニシテ、恐懼《きょうく》措《お》ク能《あた》ハザル所ナリ。

死を覚悟した突撃を命じた乃木

旅順攻略戦後の奉天会戦も含めて、乃木軍は全部で数万人が死にました。戦闘より脚気で死ぬ兵士も多かったようですが、旅順攻略作戦で死んだ陸軍の歩兵は多かったのです。旅順攻略戦の最終段階で乃木は白襷隊《しろだすきたい》（特別予備隊）という三〇〇〇名の部隊を組織しました。夜間に刀と銃剣をもって敵陣に攻め込む攻撃隊です。岡田幹彦『乃木希典』によれば、白襷隊に対する乃木の訓示は次のようなものでした。

「今や陸には敵軍の大増加あり、海にはバルチック艦隊の廻航遠きにあらず。国家の安危は我が攻囲軍の成否によりて決せられんとす。この時にあたり特別予備隊の壮挙を敢行す。予はまさに死地に就かんとする当隊に対し、嘱望の切実なるものあるを禁ぜず。一死君国に殉ずべきは実に今日に在り。希《こいねがわ》くは努力せよ」

このあと乃木は整列する将兵の間をめぐり歩き、滂沱《ぼうだ》たる涙を流しつゝ主たる人々に握手して、ただ「死んでくれ、死んでくれ」と言った。

これは特攻隊に通じるものです。日露戦争のとき、すでに特攻隊の基盤ができています。そして乃木が天皇に向かって復命書を読み上げるときの様子が松下芳男『乃木希典』には次のように書かれています。

右の旅順の攻城に多大の犠牲を供したという字句にいたるや、熱涙双頰《そうきょう》にながれいくたびか言葉たえて、痛恨の状きわまるところをしらなかった。そして復命が終ってから「ひとえにこれ微臣が不敏の罪、仰ぎ願わくは臣に死を賜《たま》へ、割腹して罪を謝し奉りたい」と言上して平伏した。天皇はしばらく言葉もなかったが、やがて悄然として退出しようとする乃木を呼びとめられて、「今は死ぬべきときではない。卿《けい》もし死を願うならば、われの世を去りてのちにせよ」といわれたという。この日第三軍と乃木軍司令官に、「卿の勲績と将卒の忠勇を嘉尚《かしょう》す」という意味の勅語をたまわった（一八七〜一八八ページ）。

明治天皇への乃木の宗教的心情

この復命の後、明治天皇は乃木に学習院の院長就任を命じました。「お前の子供二人はいなくなったのだから、お前には別の子供たちを与える」という情のこもった温かい処遇です。

乃木は明治天皇に対して二人称的な親しさ、またたいへん情的で美談にふさわしい関係をもっていたことになります。かつては親分子分的とか浪花節的とか形容されたような情的な上下関係が人々の心に沁みたのです。乃木の天皇への親愛の情は、妻とともに自害した自邸で発見された乃木の辞世の歌にもよくあらわれています。

神あがりあがりましぬる大君《おおきみ》のみあとはるかにをろがみまつる（奉悼）
うつし世を神去りましし大君のみあとしたひて我はゆくなり（辞世）

「奉悼」は明治天皇の葬儀にあたってその死を悼む歌、「辞世」は自らが世を去る思いを詠んだ歌です。いずれも宗教的な響きの強い歌です。わが身を捧げる献身的な軍人乃木希典の人物像は、日本の軍隊の宗教性を強める上で大きな役割を果たしました。

乃木は「天皇の軍隊」を構成する軍人・兵士の理想とされ、一般国民にも乃木大将を理想とする見方が広められます。また。乃木殉死の衝撃によって日本の軍隊は、乃木が天皇への宗教的忠誠心を象徴するものと見なした軍旗を御真影と同様の神的なもの、聖なるものとして遇するようになったとの推測がなされています。日本の軍隊に広まっていくこうした宗教的傾向は明治天皇の死によって、またそれに続く乃木の殉死によってさらに高まったのです。わが身を犠牲にして戦うことをすべての兵士に求めるようになるのも、旅順攻略作戦が素晴らしいこととして伝えられ、教えられていったことが一つの要因になりました。

乃木大将と軍国美談

当時、日露戦争の旅順要塞の攻略戦で多くの戦死者を出した乃木希典の評価は大きく割れていました。しかし、殉死の後、世論は圧倒的に乃木賛美に流れていきました（山室建徳『軍神』）。九月一八日に赤坂の乃木邸から葬儀が行われた青山斎場に向かう行列にはたいへんな数の人々が集まりました。その後も乃木邸を見にくる人があり、そばに乃木を軍神として祀る祠ができて多くの人が参拝しました。そして一九二三（大正一二）年に自邸の隣りに乃木神社が創建されます。明治神宮に明治天皇・昭憲皇太后が神として祀られた三年後のことです。

乃木希典は国定教科書の「軍国美談」とよばれるものの中でも、第二期（一九一〇～一七年）から第五期（一九四一～四五年）まで、もっとも長期にわたり頻繁に取り上げられる人物となりました（中内敏夫『軍国美談と教科書』）。これまで尊皇の物語で人気の忠臣には『太平記』の楠木正成がいましたが、南北朝時代の正成はさすがにもう古いので、その人気が乃木希典へと継承されていったともいえます。

もっとも根強い乃木教材の一つは日露戦争終結後、乃木大将がロシア軍のステッセル将軍とまみえた「水師営の会見」の逸話です。第三期の国語教科書からその一部を引きましょう。

乃木大将はおごそかに、／御めぐみ深き大君の／大みことのりつとうれば、／彼かしこみて謝しまつる。

昨日の敵は今日の友、／語る言葉もうちとけて、／我はたたえつ、彼の防御。／彼はたたえつ、我が武勇。

天皇のためにわが身を捧げる軍人や将兵が理想的人格として讃えられる際、圧倒的に強力なモデルとなったのが乃木希典でした。『軍国美談と教科書』のこの指摘は重要です。楠公を尊んだ幕末期の尊皇論や国体論は、少数の武士らのものでした。神聖天皇が広く国民共同体に共有される明治末以降の段階では、軍神乃木将軍の果たした役割が小さくありませんでした。国定教科書だけではなく、通俗修養講話や講談、そして映画等を通して、「乃木神話」（佐々木英昭『乃木希典』）は強力に国民生活に浸透していきました。乃木将軍の軍国美談は、皇道を掲げる大正維新や昭和維新の運動の基盤となる神聖天皇崇敬の欠かせない一部となっていったのです。

第4章

聖徳と慈恵

——皇室に頼る福祉と天皇・皇后讃仰

一　天皇の聖徳

天皇の徳治を形にするという課題

中国や朝鮮の王朝では、皇帝や王が民の実情をつぶさに見て、民の不満などを知ってその生活を助け心を安んじ、徳に基づく統治をする仁政《じんせい》、徳治《とくち》という考え方がありました。これは徳のない政治が行われている場合には王朝を転覆することも妥当とする考え方、つまり革命（天命《てんめい》が革《あらた》まる）を正当化する論にもなります。統治は天の命を受けてなされるとの考えが基盤にあります。世が乱れるのは統治者が徳を失っているからで、自ずから天命が統治者から離れる。新たに徳を体現した統治者が現れ、そこに天命が下るという考え方です。

原武史『直訴と王権』によると、朝鮮王朝（李氏朝鮮／一三九二〜一九一〇年）では直訴《じきそ》が合法だったほか、王が民の実情を見るために行列を組んで地方に出かけたということです。日本の大名行列にそういう要素は少なかったようです。日本でも、南北朝時代の北畠親房《きたばたけちかふさ》は

『神皇正統記《じんのうしょうとうき》』で三種の神器を正直・慈悲・知恵に当てはめ、その中でも「正直」が一番大事だという。これは徳による統治という考え方とつながっています。江戸時代の将軍や大名の中にも「天子の徳」というものを考え、仁政を重視した人もいました。水戸学の基を開いた徳川光圀《みつくに》、保科正之《ほしなまさゆき》（一六一一〜一六七三年／会津《あいづ》・高遠《たかとお》などの藩主）、池田光政《いけだみつまさ》（一六〇九〜一六八二年／姫路・岡山などの藩主）などです。また、目安箱《めやすばこ》を設けて民の声を聞くということもありました。

しかし、日本では徳治の概念がそれほど強くなく、徳治を支える中国の士大夫（儒教官僚）層に対応するはずの武士も、儒学を中核とする教学を学ぶようになったものの、なかなか儒学の徳治思想が身につかなかったのです。それより血筋によって神聖であるという天皇観が主流で、後期水戸学の会沢正志斎《あいざわせいしさい》においても儒学的な徳治という考え方よりも、臣下が天皇にひたすら忠誠を誓うというところに力点がありました。「忠」は「天子の徳」に依存せず、無条件で天皇に捧げられるべきものとされる傾向が強かったのです。

治教の担い手である天皇の徳とは？

そうはいっても、明治維新で祭政一致を掲げたとき、やはり徳治の要素は重要だし、神聖天皇を支える独自の教学も必要だという考えが浮上してきました。そして「有司専制」

で述べました。

の批判を受け、「天皇親政」と立憲政治の理念が競い合うなかで祭・政・教一致（祭政教学一致という言い方もありました）の「教」が「教育勅語」によって具体化したということを第2章で述べました。

「教育勅語」は「天皇陛下が教えを下す」ということで民が守るべきことはいろいろと書いてあって天皇を尊敬するように作用しますが、天皇の役割や義務は書かれていません。しかし、その教育勅語を起草した儒学者の元田《もとだ》永孚《ながざね》は徳がある天皇を育てようと努めました。天皇が徳治のための素養をもつよう促したのです。天皇も「そうであるべきだ」という観念を持っていたし、明治政府のかなりの人たちが、儒学の影響を受けながらそういう観念を持っていたことも確かだと思います。また、天皇が尊い存在として民衆に身近に感じられるためにも、徳ある天皇の像が必要でした。

その「徳治」の要素をどう形にしていくか。一八七二（明治五）年から八五（明治一八）年にかけて明治天皇が全国を巡幸しました。これは民の実情をつぶさに見て、善政をする意思を示すという意味をもつ行為です。民の側は天皇の来臨を光栄と感じ、多くの場所が「聖蹟《せいせき》」となっていきました。しかし、これだけで天皇の徳が民に示されたとは考えにくかったことは言うまでもありません。徳を体現した存在としての天皇をどう提示していくかが、明治天皇自身や側近にとって、また政府にとっても課題として問われざるをえな

稲刈りを見る明治天皇　1868（明治元）年９月27日、最初の関東親征の途上、尾張で田圃のそばに行列を停めて天皇が収穫のようすを見る。この年は長雨で稔りが少なかった。まだ少年の天皇に農民の労苦を教えるように、尾張藩主の徳川徳成が「かりし穂のすくなきみれはあはれなり　大みたからの心やいかに」という歌を詠んだ。（『明治天皇紀附図稿本』宮内庁宮内公文書館蔵）

かったのです。

仁徳天皇の「民のかまど」の逸話

すでに、一八九四（明治二七）年の『高等小学修身書（巻四）』に、『古事記』にある仁徳《にんとく》天皇の国見《くにみ》の逸話が載せられています。「あるとき仁徳天皇は山に登って四方の国を望み、家々に竈《かまど》の煙が立っていないのを見て、民が貧窮しているのを知り、それから三年、税を取らず、内裏《だいり》の建物が破れて雨が漏っても修理しなかった。しかる後に国を見れば、国中に竈の煙が立つようになり、民は栄え、税に苦しむこともなくなった。このため、仁徳天皇の御世《みよ》をたたえて聖帝《ひじりのみかど》の世といった」という話です。『新古今和歌集』に「みつぎ物ゆるされて、国富めるを御覧じて」という詞書《ことばがき》のある歌もあります。

高き屋にのぼりて見れば煙立つ民のかまどはにぎはひにけり

というわけで、「聖徳」という概念が潜在的にはありました。天皇ではありませんが、聖徳太子という実例もありました。しかし、明治天皇に至るまで仁徳天皇以外の天皇の「聖徳」の例が、幅広い層の多くの人々に知られることはありませんでした。ところが、法学者の有賀長雄《あるがながお》が一九一五（大正四）年に出した『帝室制度稿本』には、天皇が国民を愛し、慈しむ古来の風潮は「君徳四海《くんとくしかい》を覆ひ、臣民亦克く《しんみんまたよ》皇謨《こうぼ》（天皇の治世）を賛け《たす》奉り《たてまつ》、義は君臣なれども、情は父子の如く」（天皇の徳が世界にゆきわたっていて、臣民もその天皇の治世を助け、天皇と臣民の関係は建前は君臣だが実際は親子のような情愛に満ちたもの）で、これが国体の発露であると書かれています。国体の精華というべき統治実態を仁政に、とりわけ慈恵《じけい》（慈愛の心で人々に施される恵）のなかに見ようとすることが、この時点では可能になっているわけです。

徳治を示すチャンネルとしての慈恵

天皇が徳を示すということでもっとも大きな影響力をもったのは、「徳についての教えを人々に示す」ということでした。これは、一八九〇（明治二三）年に教育勅語を下すことによって、大いに前進しました。修身の教科書には、天皇・皇后の徳ある行為が描かれるようになります。一九三六年の『尋常小学修身書（巻三）』、つまり小学三年の修身の教科書には、昭和天皇の皇后（香淳《こうじゅん》皇后）について、次のような慈恵の例がいくつか記されています。「陛下は大そうおなさけ深くあらせられて、人々をよくおいつくしみになりました。大正一二年に、くわんとうに大ぢしんがあつた時、ごじしんでたくさんの着物をおぬひになつて、困つて居る人たちにたまはりました」。

高殿から国見をする仁徳天皇　このような絵が小学校の教科書にも載せられ、天皇の聖徳が強調された。（『家庭教育日本歴史』国立国会図書館蔵）

　このように天皇・皇后の徳を示すことは、明治天皇と美子《はるこ》皇后から始まったものです。明治天皇と皇后は、ある時期以後、福祉活動を通して人々に大きな恩恵を与える存在として印象づけられていきました。これを天皇制慈恵主義と特徴づける論者もいます（遠藤興一『天皇制慈恵主義の成立』）。この天皇の慈恵の強調は新しいもので、明治初期から萌《きざ》し、明治時代、とくにその後期に次第に形づくられていったのです。

遠藤興一はこう述べています。「天皇と国民の間に精神的結束を図ることは、政治システムの運営に関わる重要な課題であるが、それはあくまでも「大御心《おおみこころ》」、即ち天皇の個人的意志から出たものであり、だからこそそれは「御仁慈《ごじんじ》」として特別に扱われ、価値あるものとして受け止められる必要があった」（八ページ）。そして、一九三九（昭和一四）年の『日本の社会事業』から次の一節を引いています。

億兆齋《ひと》しく陛下の赤子として其所を得ざるものなきを期し給ふ大御心こそ萬邦《ばんぽう》無比なる我皇謨《こうぼ》（天皇の国家統治の計画）の大本《おおもと》であって我國社會事業は實に此ご仁慈を奉髄《ほうずい》し其の徹底を期して画策實踐するところに其眞髄《しんずい》がある。（同前）

天皇の意志を表現する勅語・詔書《しょうしょ》等によって、臣従を引き出そうとするこの「勅令主義」は単に政治的決定に関わるだけではありません。その決定に基づく政策の実行においても宮内省が行い、天皇自身の行動という形をとることになります。やがて、皇室独自の財源をもって行うという方策も定まっていきます。遠藤は宮内省官制第七条に「宮内大臣ハ勅旨ヲ奉ジ救恤《きゅうじゅつ》褒賞《ほうしょう》及贈賜《ぞうし》ノ事ヲ施行ス」とあることを示しています。「褒賞」もたいへん重要ですが、それについてはここではふれる余裕がありません。「救恤《きゅうじゅつ》」「贈賜《ぞうし》」について少し詳しく述べていきましょう（拙稿「天皇崇敬・慈恵・聖徳」）。

二　慈恵の主体として姿を現した天皇・皇后

貧弱な明治初期の福祉体制

まず一八七四（明治七）年に政府は救恤《きゅうじゅつ》規則を制定しました（ようやく一九三一〈昭和六〉年に救護法となります）。恤は「あわれむ」という意味ですから、救恤は貧しい人、弱い国民を憐れみ助けるということです。助けてくれる人がない病人や子ども等に米代を支給するという政令ですが、基本は国民がそれぞれ助け合えということで、政府としては最低限の貧窮者には対応するというものです。救恤の主体は民自身と国家であり、地方には任せないということでもありました。仁政の主体は天皇をいただく国家でなくてはならないという建前ですので、その後、困窮や苦難のなかにある民を助ける意思をだんだんと示すようになってきます。

その早い例が赤十字社です。赤十字社は一八六三年にスイスのジュネーブでアンリ・デュナンら五人によって結成された「国際負傷軍人救護常置委員会」に始まります。日本では西南戦争の時に佐野常民《さのつねたみ》という佐賀藩士が赤十字を日本へ移して博愛社をつくりました。それが一八八七（明治二〇）年に日本赤十字社になりました。

この赤十字でたいへん重要な役割を担ったのが美子《はるこ》皇后（後の明治神宮の祭神、昭憲《しょうけん》皇太后）です（黒沢文貴・河合利修編『日本赤十字社と人道援助』）。当初から赤十字社に下賜金《かしきん》を送り、やがて本社で行われる総会に必ず出席するようになります。天皇を国の中心として崇める国体論では皇后はほとんど役割を持っていないので、皇后が大きな役割を持つようになったのは西洋の王室の伝統に倣ったものでしょう。ただし、仏教の影響下で皇后の福祉活動は過去にもありました。奈良時代に光明皇后は悲田院《ひでんいん》・施薬院《せやくいん》を営んで窮民に食や医薬を施したと言われ、現代に至るまで伝えられてきました。それは仏教の悲田・福田《ふくでん》という考え方による活動です。その後も寺院や僧侶が福祉的な役割をになうことは多々ありましたが、天皇・皇后が深く関わるものとして人々に伝えられる例はありありません。

私は子供の頃から不思議だったのは、どこの家に行っても赤十字社員という札が玄関にかかっていたことです。皇室が協力を訴えたから町内会で頼まれると皆が受けたのではないでしょうか。今の赤い羽根共同募金にも通じます。欧米諸国なら教会が福祉活動の代表的な存在で、その精神にそって王室も福祉的な活動をする。日本の場合は王室そのものが慈恵の担い手となり、まずは赤十字で実現していきました。それも美子皇后の役割で行われました。

美子皇后の働き

美子皇后は教育にも積極的に関わり、明治天皇の統治に貢献する役割を果たしました（片野真佐子『皇后の近代』、小田部雄次『昭憲皇太后・貞明皇后』）。たとえば、お茶の水女子大学の校歌「みがかずば玉もかがみ（鏡）もなにかせん　学びの道もかくこそありけれ」は美子皇后の短歌がそのまま歌詞になっています。お茶の水女子大学の前身である東京女子師範学校（一八九〇年から女子高等師範学校）の開校にあたり、一八七五（明治八）年に下賜された御歌です。附属小中高校を含め、現在も校歌として歌い継がれています。

教育と同時に福祉へ乗り出していった皇室が赤十字の次に支援したのは東京慈恵病院、

高木兼寛（1849〜1920年）　現在の宮崎市出身の海軍軍人。イギリスの医学校に倣って東京慈恵病院の基をつくる。

今の慈恵医大・同附属病院です。もとは高木《たかき》兼寛《かねひろ》（一八四九〜一九二〇年）という海軍軍医がイギリスの医学校に倣って一八八一（明治一四）年に創設した成医会講習所で、その発足にあたって二〇〇円の下賜金（皇室から賜った資金）がありました。八三年に有志共立東京病院になりますが、このときは宮内省より六〇〇〇円の御下賜があり、有栖川宮《ありすがわのみや》威仁《たけひと》親王を共立東京病院総長に迎えています。そして八六年、美子皇后が共立東京病院総裁となり、翌年、東京慈恵医院と改称し、幹事長には有栖川宮熾仁《たるひと》親王妃董子《ただこ》が就任しました。

この慈恵病院は、貧しい人に安く、あるいは無料で医療をする病院です。まだ保険制度がありませんので、お金のある人は医師に診てもらえるけれども、お金のない人は診てもらえない。そういう人を救うのが医療における救恤です。その面ではお寺も各地でぽつぽつと支援活動をしていたのですが、東京では次第に人口が増えてくるにしたがって、組織

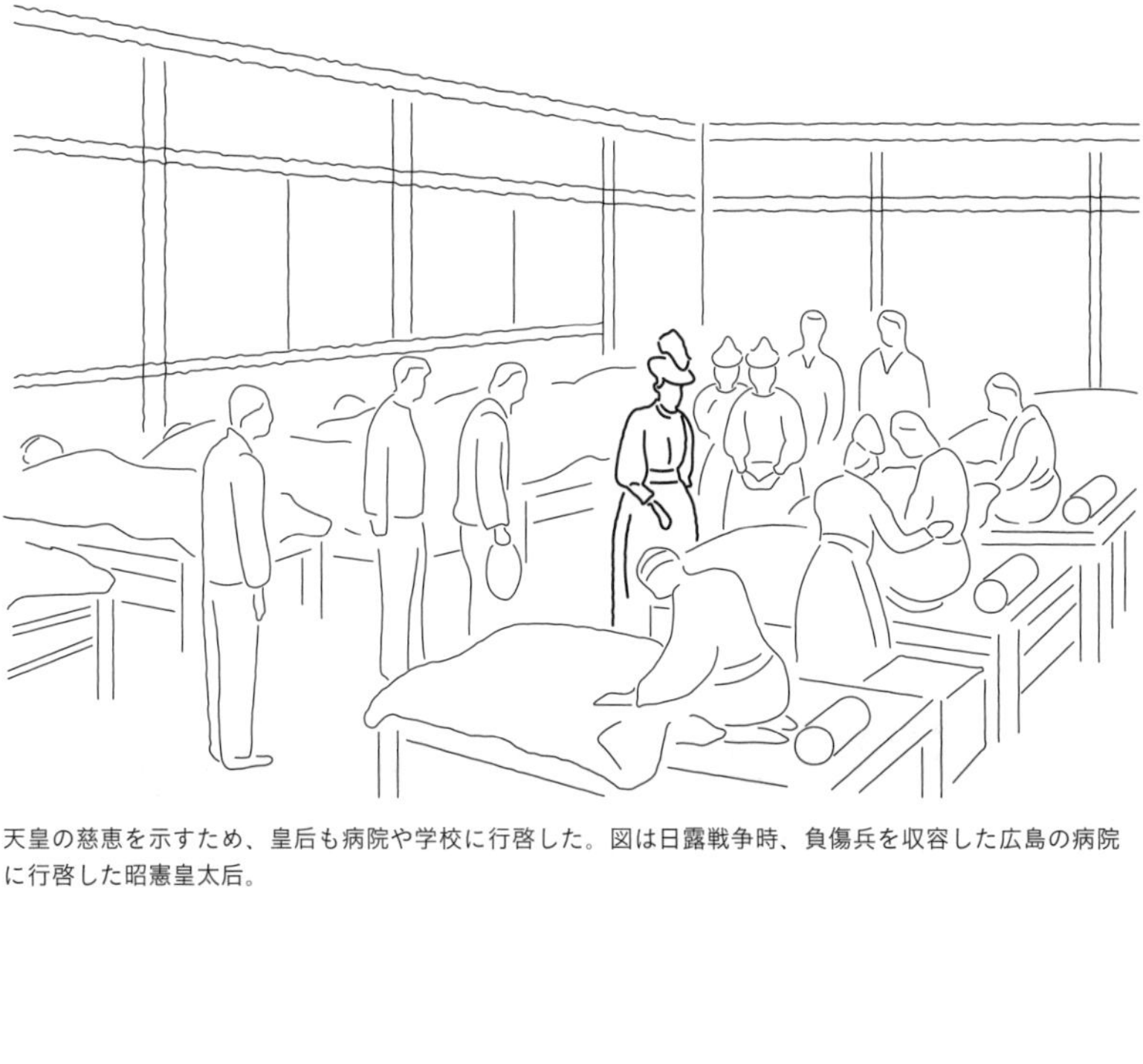

天皇の慈恵を示すため、皇后も病院や学校に行啓した。図は日露戦争時、負傷兵を収容した広島の病院に行啓した昭憲皇太后。

的に救恤体制をつくらなければいけない状況になりました。東京慈恵病院ができた一八八〇年代はそういう時期でした。この頃から災害の時に皇室がお金を出すということも起こってきます。明治維新以後、莫大な皇室財産がありましたから、これは容易にできたわけです。

奥村五百子（1845～1907年）　唐津の寺に生まれた婦人運動家。1901（明治34）年に愛国婦人会を設立。

また、愛国婦人会もできます。これは中国の北清事変（義和団事件）への出兵による戦没将兵の遺族や傷病兵の救護を目的として一九〇一（明治三四）年に設立され、さらに女性の職業紹介などの福祉的な活動もするようになります。愛国婦人会は佐賀県出身の奥村《おくむら》五百子《いおこ》が近衛《このえ》篤麿《あつまろ》らの援助を受けて設立した団体で、要するに、ノブリス・オブリージュ（身分の高い者の義務）です。一九〇三（明治三六）年には載仁《ことひと》親王妃智恵子を会長に迎え、大会等には必ず美子皇后が加わるようになります（三井光三郎『愛国婦人会史』）。

社会問題の深刻化と慈恵による対処

その頃、日清・日露戦争がありました。日露戦争では九万人近い兵士らが戦死していますが、戦死者の多くは貧困な農民です。また、農民が都市へ出てきて貧困に苦しみ、『女工哀史』（一九二五年刊）に描かれているような状況もありました。そこへ社会主義思想が入ってきて、労働組合などもできてくる。日露戦争の講和が弱腰だと憤慨した人々による日比谷焼打事件や、足尾銅山の労働者による暴動が起こります。

ロシアでは日露戦争中の一九〇五年一月に血の日曜日事件といわれる暴動が起きています。当時のロシア帝国の首都サンクトペテルブルクでデモ行進する労働者に軍隊が発砲して多数の死傷者が出た事件で、これがロシア革命のきっかけの一つになります。韓国では伊藤博文《いとうひろぶみ》が殺される。貧富の差や暴力的支配に対する恨みが積もっていく時代となっています。こういう不穏な気配を受けて、一九一〇年には社会主義者や無政府主義者を一網打尽にし、幸徳秋水《こうとくしゅうすい》ら一二人を見せしめのように死刑に処する大逆《たいぎやく》事件が起こっています。これらが神聖天皇に及ぼした影響については次章で述べます。

このように不穏な社会情勢が感じとられるなかで、慈恵によって問題を躱《かわ》そうという方策が出てくるわけです。この頃に社会福祉的な対処が必要だと思われていたことの一つは、地震や風水害などの罹災者の救済です。地震など、災害があると、罹災者に金品を下賜し、慰問しました。たとえば、一八九一年の濃尾《のうび》大震災に際して、侍従や親王を現地に遣わせて、内帑金《ないどきん》（皇室の手もと金）一万三千両を下賜するなどです。また、各種の民間の社会事業に金品を下賜したり、視察して功労者に会ったりして、社会事業を保護奨励しました。孤児院等への下賜などもたびたび行われています（渡邊幾治郎『皇室と社会問題』）。

三　福祉を天皇・皇后の慈恵に委ねる

後藤新平の一八九五年の建白書

一九〇〇（明治三三）年には感化法が制定されます。八歳以上一六歳未満の不良少年を感化院に入所させて教化することを定めた法律です。それまでは、この分野ではキリスト教徒の活動が目立ちました（岡山孤児院の石井十次《いしいじゅうじ》、「家庭学校」の留岡幸助《とめおかこうすけ》など）。国家の関心は社会秩序を安定させることですが、キリスト教徒の理念は一人一人の人間を大切にするということです。そこに距離があるわけですが、アプローチの方向は違うけれど、具体的にやることは似ています。仏教徒はその間で進み方を模索していました。

それに対応して、皇室がお金を出す。国庫財政を社会福祉に使うのではなくて宮内省を通して皇室が出すわけです。そのほうが国民にはありがたいということもあるでしょうが、社会福祉行政の未熟さを仁政・慈恵の理念で補いました。ドイツなどでは大きな力をもつ教会も取り組み、呼応して帝国もビスマルク（一八八〇年代）以来、福祉政策を充実させていました。

台湾の植民地統治や関東大震災のときに東京市長を務めたことで著名な後藤新平《ごとうしんぺい》（一八五七〜一九二九年）は、もともとは医師で、内務官僚として「積極的社会制度」を持論としていました。ドイツ留学の経験があり、革新的な変革によって新しい社会制度をつくり、対立や混乱を克服していこうという考えを持っていたわけです。彼は日清戦争の前後に内務省衛生局長に就任しています。日清戦争が終わった頃に、伊藤博文首相宛てに次の建白書を出しています（鶴見祐輔『決定版正伝後藤新平2』）。

聖徳ヲ宇内《うだい》（天下）ニ宣揚《せんよう》シ、国家ノ元気ヲ旺盛ナラシメ、以《もっ》テ忠君愛国ノ精神ヲ、今日ニ倍蓰《ばいし》セシムル事疑ナキ儀ト奉存候《ぞんじたてまつりそうろう》。而シテ一千万円ノ額ハ、頗《すこぶ》ル巨額ノ様ニ御座《ござ》候得共《そうらえども》、国家百年ノ治基《しこう》ヲ開クノ費用トシテハ、寔《まこと》に些々《ささ》タル少額ニ御座候（以下略）。

「聖徳」を掲げ、国民の忠君愛国の精神を養う上からも、一〇〇〇万円を拠出して貧民の苦しみを和らげる制度を作れば、国家百年の基礎を開くことになるというのです。一〇〇〇万円は当時はすごい金額です。すこぶる巨額のように思われるけれど、そのためには安いものだということです。のちの保険制度に先立つ一種の救済基金をつくるということで、この時には実現していないのですが、一九一一（明治四四）年に後述の「済生勅語《さいせいちょくご》」で実現します。

この建白書に「聖徳ヲ宇内ニ宣揚シ」とありますが、要するに、皇室を通して大金を出すということにすると実業界からもお金を出して福祉を充実させることができるという都合が良い政策で、これも実は救恤《きゅうじゅつ》にあたります。

貧者のための医療機関の拡充

その後の施療病院の拡充は、菅谷章の『日本医療制度史』では、およそ次のようにまとめられています。一八九七（明治三〇）年八月、後藤新平の献策により、わが国最初の国立施療病院として東京の麹町に永楽病院が設立されます。九八年以降、戦時の軍人医療を目的とした日赤（日本赤十字社）病院が、平時の一般医療と救療を兼ねて各地に病院を設立します。当時の日本赤十字社病院規則には「病院ハ皇室仁慈ノ旨ヲ体シ貧困患者ヲ施療シ、且ツ一般患者ヲ治療ス」と規定し、支部病院設立準則（一九〇三年制定）も病床数の五分の一以上を救療患者に充当する旨が規定されていました。

一九〇七（明治四〇）年には東京慈恵医院が財団法人東京慈恵会と改組し、施療事業の拡張を図ります。〇九年には三井財閥が一〇〇万円を投じて神田和泉町に慈善病院を建設し、三月一日に施療専門の病院として開院します。一一年三月には、東京市長尾崎行雄の尽力で築地の海軍病院内に入院定員一五〇人、外来患者三五〇人の治療に当たる東京市施療病院が開院します。

こうした動向を見定めつつ、一九一一（明治四四）年二月、明治天皇により一五〇万円の御内帑金《ないどきん》が下賜され、同年五月に恩賜財団済生会が設立されます。この間には日露戦争（一九〇四～〇五年）がありました。貧困層の「救済」の必要性は格段に高まり、施療施設の設置に向けた動きが加速化していたことがわかります。そこに天皇・皇后が確固たる地位を占め、慈恵の主体として大きな姿を現すべき段階に差し掛かっていました。

日露戦争後の「戊申詔書」と「済生勅語」

一九〇八（明治四一）年に、その年の干支から「戊申詔書《ぼしんしょうしょ》」という神聖な天皇の言葉が発布され、感化救済事業が始動しています。社会救済事業の飛躍的発展の必要性は長く課題として自覚されてきたにもかかわらず、それが具体化されませんでした。このときに、天皇の「深い叡慮」によって決断されたというストーリーが語られたのです。

「戊申詔書」は教育勅語を補うような面があって、成人国民に対して「よき市民になれ」といったことを説くわけです。そこに強く仁政的な理念が入っているわけではありませんが、要するに社会問題を治めなければならないという課題意識で、社会全般に徳の体現者である天皇が道徳秩序を広めるよう人々を導く、これが戊申詔書です。それに合わせて感化救済事業というのが起こされていきます。

そして一九一一（明治四四）年に「済生勅語」が出され、一五〇万円の内帑金が下賜されて恩賜財団済生会を創立。一九一五（大正四）年、済生会芝病院を開設しました。それが現在の東京都済生会中央病院（港区三田）の前身で、今でも同病院ホームページでは「明治天皇のおかげで、この病院ができた」と述べています。また、現在の済生会のホームページには日本最大の社会福祉法人として全職員約五九〇〇〇人を数えると記されています。

「恩賜」の理念が今も維持される済生会

一九八二（昭和五七）年刊の『恩賜財団済生会七十年誌』には次のように記されています。

　七十年前の明治末年当時の状況をみるに、富国強兵、殖産振興政策のもとで産業経済は日清、日露両戦争を契機として急激な発展をみた反面、人口急増も加わって国民の貧富の懸隔は顕著となり、生活困窮を訴えるものが著増した。とくに生活困窮者の救療の必要性が切実な社会問題化していたにもかかわらず、これを救済すべき公的制度は皆無に等しく、わずかに救貧のための公的扶助として恤救《じゅつきゅう》規則（明治七年、太政官達）があったが、それは救療扶助制度とは程遠く、「済貧《さいひん》恤窮ハ人民相互ノ情誼《じょうぎ》ニ因《より》テ其ノ方法ヲ設クベキ筈《はず》ニ候《そうろう》」（同規則前文）として、疾病治療は個人の責任とされ、その及ばぬところは隣保《りんぽ》相扶《そうふ》の情誼に依存すべきものとされた。

その後も、わずかな政策的対処はなされましたが、国の施策は貧弱で、貧者の支援は民間事業である日本赤十字社、婦人共立育児会、三井慈善病院等の救療援護活動によって補われるほかありませんでした。

この時、歴代英主中の英主として、国民のひとしく景仰する明治天皇は数々の御製中にみられるとおり、常に世界の平和とともに日夜国民の安寧を思《おぼ》し召される深い叡《えい》慮《りょ》から、医療を受けるのに途のない困窮の同胞に施薬救療《せやくきゅうりょう》の方途を講ずるために、明治四十四年（一九一一年）二月十一日の紀元の佳節《かせつ》にあたり、当時の内閣総理大臣桂太《かつらた》郎《ろう》を召されて、左の優渥《ゆうあく》な勅語と、その基金として御内帑《ないど》金《きん》を下賜されたのである（『七十年誌』二ページ）。

優渥《ゆうあく》とは「ねんごろで手厚いこと」という意味です。「優渥な勅語」と述べることで「済生勅語」（施療済生の勅語）のありがたさがさらに高められるのです。

四　慈恵の言葉、済生勅語

済生勅語に表された「聖慮」

後で説明しますが、済生という言葉は中国の古典に基づく用語です。『論語』の解釈の本が多数あるように、また「教育勅語」の解釈の本があるように、「済生勅語」の解釈があります。『恩賜財団済生会五十年誌』に「勅語の文意」という解説があり、同『七十年誌』にもそのままひかれています。

四段に分けて解釈されるので、その段ごとに区切って紹介します。一段は、国運の展開が急務だが、経済の発展は漸進的なので、「思想界に革新の萌芽も見え始め」、国民中に動揺が起こっているので、天皇はこれを憂慮しているという「聖旨」だとしています。ここには社会主義を恐れている気配があります。

朕《ちん》惟《おも》フニ、世局ノ大勢ニ随ヒ、国運ノ伸張ヲ要スルコト、方《まさ》ニ急ニシテ、経済ノ状況漸《ようや》ク《く》ニ革《あらた》マリ、人心動《やや》モスレハ、其ノ帰向ヲ謬《あやま》ラムトス

第二段では、政治にあずかるものは「人心動揺の気配を考慮し」、「国民の勧業と教育に意を用い、以て国民の健全な発達に尽力せよとの叡旨」だといいます（五ページ）。

政ヲ為ス者、宜《よろし》ク深ク此ニ鑒《かんが》ミ、倍々《ますます》憂勤シテ業ヲ勧《すす》メ教《おしえ》ヲ敦《あつ》クシ、以テ健全ノ発達ヲ遂ケシムヘシ

第三段は、「国民の健全な発達には健康を第一とするが、若《も》し国民の中に頼るべきところもなく、困窮して自ら医薬を求め難く、そのために天寿を全うすることを得ないものがあれば、これは最も気の毒なことで、このことを常に憂慮あらせられ、これ等の者に医薬救療を施してその済生の道、即ち厚生の方途を講ぜんとの御叡慮を以て、茲《ここ》に御手元金をさいて其の資金に充てさせるとの御意と拝する」ということです（六ページ）。

第四段は「以上の主意で資金を賜与するからには、政府は速に適応の窮民医療救護の事業を企画実施し、それを永くそれら国民に利用させることを希望するとの深遠な聖慮と拝する」としています。つまり天皇陛下が「こういうお金を出すから政府はしっかりやれ」と慈恵を施しているということになっているわけです。

「聖慮」、すなわち天皇の深い思し召しは「無告の窮民」を救う「済生の道」を弘めることだといいます。「済生」の語は中国古典の『易経』『書経』によったものとされます。とくに『易経』に「知《ち》は万物《ばんぶつ》ニ周《あまね》クシテ、道《みち》ハ天下《てんか》ヲ済《すく》フ」とあり、また「天地ノ大徳《だいとく》ヲ生《せい》ト

曰《い》フ」とある「済」と「生」（ここでの「生」は生命と繁栄を意味する）とされますが、済生は仁慈・慈恵に関わる語として選ばれたものです。

天皇の慈恵に感謝する有力者たち

勅語下賜の当日、渡辺千秋《わたなべちあき》宮内大臣、桂太郎《かつらたろう》総理大臣、平田東助《ひらたとうすけ》内務大臣が「謹話《きんわ》」を発表しており、『恩賜財団済生会五十年誌』に三つの「謹話」の大意が記されています。その一部を現代語にいいかえて紹介します。

今回、聖上陛下が窮民を救恤《きゆうじゆつ》しようという深い御思召《おぼしめし》によって、優渥な勅語に添えて、施薬救療のために御内帑金《ないどきん》百五十万円を御下賜下さった。万民とともに感泣《かんきゆう》する次第である。これは陛下が平生、苦しみを訴え頼る手立てもない人々のことを憐れみ下さる大御心《おおみこころ》をお持ちであることの表れである。聖上陛下には、日頃から民安かれと心をお痛めになり、洪水、地震、津波、大火等の事があれば、直ちに侍従を遣わされて、被害の状況を視察させ、その都度、ご救恤のご沙汰を下し賜うておられる。また、年々、養育院に御下賜金を送り、常に貧困者の救助に大御心をお注ぎになり、少からず御心を悩ませておいでであったが、殊に近年は社会情勢として富者が次第に増加すると同時に、一方には貧者もまた次第に増加してきており、人心の統一の欠如が顕著になってきましたことを大いに憂えられ、この度総理大臣に懇篤《こんとく》な勅語を賜い、施薬救療の費を御下賜下さった次第と拝します（渡辺宮内大臣「謹話」六〜七ページ）。

ここに「養育院」というのは孤児貧困者や障害者らを収容した東京養育院を指しています。一八七二（明治五）年に設立され渋沢栄一（一八四〇〜一九三一年）が長く院長を務めた施設です。貧者が増えて社会不安が増大し、もっと社会福祉費を増やして人心を治めたいという状況で、国政担当者の責任においてではなく、天皇に大きな役割が期待されるのです。これは平成時代にもいくらか通じるところがあったかと思います。天皇の祈りに期待する人心がありますが、祈りだけではなく儒教的な仁政観念にそって物質的な支援も行うということです。

明治時代も後期に入るとその必要は次第に強く自覚されてきました。ある時期までは、美子皇后がそれを代表していたけれども、日清・日露戦争のころから明治天皇自身がそれに関わるようになってきます。そして一九〇八（明治四一）年の「戊申詔書」と感化救済運動、そして一一年の「済生勅語」へと進んでいきます。

天皇の慈恵を賛美するマスコミ

「済生勅語」は当時の新聞でも華々しく報じています。以下は同年二月一三日の読売新聞の「論議　皇徳慈雨の如し」という記事です。これも読みやすく現代語にして紹介します。

我らの徳高き　天皇陛下には、無告《むこく》の窮民《きゅうみん》にして医薬給せず、天寿をまっとうすることができないものをお憐れみになって、施薬救療の道を弘めよという優渥なる　勅語とともに御内帑金百五十万円を下賜された。陛下の赤子として、そのご愛撫の下に生息する日本国民として、たとえ窮民ではなくても、この慈雨のようなご仁慈に随喜《ずいき》せざるものはない。聖恩の辱《かたじ》けないこと、私どもはただ感涙《かんるい》に咽《むせ》ぶのみだ。言葉に表すこともできないほどだ。遠く往古を顧《かえり》みると、仁徳天皇が民の炊烟《すいえん》が稀薄なのをお歎《なげ》きになって、三年の租税免除の措置をとられたという事績がある。（中略）生存競争が激甚になるとともに、貧富の懸隔《けんかく》がますます大きくなり、強弱各々主張を異にする結果、ややもすれば、不穏の言行を弄するものもないとはいえない。社会組織が複雑になるにつれて、窮せるものは怨《うら》み、富める者はうそぶく、その自然の結果として、為政者に対する人民の信頼も次第に薄れていくようだ。これを慨嘆《がいたん》しているだけでは大勢をもとへ戻すことはできない。ここにおいて、かたじけなくも叡慮を煩《わずら》わし奉る恐懼《きょうく》、措《お》くところを知らない（後略）（『恩賜財団済生会五十年誌』より、四六〜四七ページ）。

この記事に「生存競争」というのは、社会進化論、社会ダーウィニズムの影響がうかがわれます。イギリスの哲学・社会学者スペンサーらの説を政治学者の加藤弘之《かとうひろゆき》などが取り入れて、階級対立が増してくる状況、血も涙もない資本主義の論理というのを「生存競争」という言葉で表現しました。社会主義は格差を縮めることでそれを克服する理念だと考えられるようになりましたが、他方、格差が開くようだが、それによって社会は発展し、貧者も潤い、文明はより発展するというのが社会進化論です。とはいえ、社会主義的な考え方に対抗するためには、なんとか福祉を充実させなければならない。こういう考え方が済生勅語によく表れています。

天皇・皇室による慈恵をめぐる言説は、こうして広範囲の国民に伝えられ、受け入れられていくことになりました。それとともに、明治天皇・皇后には聖徳があるという言説が広まるようになり、それを描いた本が何冊もできてきます。そういうジャンルを「明治聖徳論」と呼びます。

五　明治聖徳論が賛美する天皇

明治聖徳論の登場

「明治聖徳論」については、佐藤一伯《かずのり》（元明治神宮権禰宜・主任研究員、現、國學院大學研究員・岩手県一関市御嶽山御嶽神明社禰宜）による行き届いた研究書『明治聖徳論の研究』があります。この書物は「聖徳録」やそれに類する題を冠した書物や雑誌特集などを、時期を追って通覧しながら、その変化の過程を追ったものです。

佐藤によれば、聖徳論の最初の例は、月刊誌『日本』の附録として一八九一（明治二四）年一一月に刊行された『萩《はぎ》の戸の月』です。日清戦争の少し前です。「萩の戸」は御所の清涼殿《せいりょうでん》の一室で、天皇の居室《きょしつ》を指します。障子に萩が描かれていたとも前庭に萩が植えこまれていたともいわれ、また、広く宮中の庭の意で用いられています。その「萩の戸」を詠んだ明治天皇の御製《ぎょせい》（和歌）があります。

萩の戸の露《つゆ》に宿れる月かげはしづが垣根《かきね》もへだてざるらむ

天皇のいる御所《ごしょ》の庭の露はどこにも同じように月の光が届いている。『萩の戸の月』では、隔てのない月の光を詠んだ歌を、明治天皇の仁慈への意思（大御心）を表すものとして「一視同仁の御心、いともかしこし」と紹介し、次のように書いています。

余輩が特筆して宇内に比類なしといふは、現在の吾　天皇陛下の叡聖仁慈にわたらせたまふ乾徳《けんとく》にぞありける（中略）おもふに、九重雲深《ここのえくもふか》し。余輩草莽《そうもう》の民、いかで悉《ことごとく》　伺ひ知ることを得ん。たゞ年狭心にとめて、伝へ承れるはしはしを記して、本日を祝ふしるしとなすのみ。

何が聖徳なのか?

「乾徳《けんとく》」は天の徳、天子の徳の意で聖徳と同じことです。「九重雲深《ここのえくもふか》し」というのは、天皇のおられる宮中は近づくことができない尊いところだという意味です。『萩の戸の月』には、明治天皇の聖徳について「立憲政体に御熱心なる事」「政務に御励精あらせられ厚く国民福利をおぼしめさるゝ事」「宮禁厳粛なる事」の三項目に分けて例を挙げています

(『明治聖徳論の研究』、四五ページ)。

例えば、「立憲政体に御熱心なる事」では、「憲法草案の枢密院《すうみついん》会議に欠かさず臨御《りんぎょ》され、昭宮猷仁《あきのみやみちひと》親王(明治天皇第四皇子)薨去《こうきょ》」の知らせがあった際にも、「構《かま》なく議事をつゞけよと仰出」があったという話が取り上げられています。

「政務に御励精あらせられ厚く国民福利をおぼしめさるゝ事」では、明治二四年に来日中のロシアの皇太子が滋賀県の大津で斬りつけられた大津事件に際して「宵衣肝食《しょういかんしょく》(夜の明けきらないうちから礼服を着、日が暮れてから食事をとること)」の御労苦により、ロシア皇太子に真心を表したことでロシアとの関係がうまく収まったという逸話が記されています。

「宮禁厳粛なる事」は、お手回りの品々は倹素を旨とされている。ヨーロッパの王室の方が立派かもしれないけれども、質素さという「帝室の美徳はどこに類例があろうか」と賛美しています。

続々刊行される天皇聖徳論

一八九三(明治二六)年には宮本政躬《みやもとまさみ》の『天皇陛下皇太子殿下御聖徳』(刊行者、辻本秀五郎)、九四(明治二七)年には原田真一《はらだしんいち》編『銀婚盛典』(岡島支店刊行)が出ました。『銀婚盛典』は、その年、銀婚式にあたる大婚二十五年の祝典に際して編まれた記念誌です。その本文は儒学者で著述家の大槻修二《おおつきしゅうじ》（如電）が書いており、左記の「緒言」があります。

明治と御世あらたまりて。四千万の青人草《あおひとくさ》（民草）と共に君とし仰ぎ奉るは。天皇にこそ。辛未《かのとひつじ》（明治四年）五月修二出て丶海軍兵学寮に仕へ皇漢両学の教授を司れり。其時しも、臨御ありて修二も教官も末に列《つらな》り。親しく拝謁《はいえつ》の栄を蒙《こうむ》り。詩歌をも奉《たてまつ》りたり。其後十九年を歴《へ》て。憲法発布のをり。浅草区議会議員の列にありしかば又謁見《えつけん》を上野に賜りぬ。其時憶ひけらく。大王《おおきみ》を敬ひ御国を守るらんには。曩《さき》の藩主にさ丶けし真心もて。おのれは足りぬ。さはさりながら今の時代に生まれし青年者等は君と臣とのけぢめいたく隔たりぬるより。や丶もすれば民権とか云へることなど取りひがめ。まがはぬ道をまがふこと無きにしもあらじ。いで　天皇の御徳と御恵とを我家の児等の心に染めなさんこと。人の人たる道の。しをりともなるべしと。かくて見るま丶聞くま丶にかきあつめ。一冊の書となし高光る日の御子とし申せば。高光紀要《こうこうきよう》となん名づけ。よりより女男の児等に説き聞かすることとはなしたり。

ところで、天皇の「乾徳」に対し、皇后の徳は「坤徳《こんとく》」といいます。合わせて乾坤《けんこん》（天と地）の徳です。

皇后の坤徳録

皇后の「坤徳録」もわりに早く出ています。マスメディアによる「坤徳録」として佐藤は『東京日日新聞』の一九〇一（明治三四）年一月一、五、八日の特集記事「坤徳厚大　皇后宮殿下の御盛徳」をあげています。その記事は翌年、『坤徳』という単行本にまとめられました。その冒頭部分は以下のような記述があります（七六ページ）。

> 申すも、惶《かし》こし　我が陛下が乾位《けんい》を輔《たす》け坤徳《こんとく》を守らせ、日には一日、夜には終夜、此の大御国の国安かれ、民豊けかれと御余念《ごよねん》もおはしまさぬことなるが。さらば御心《みこころ》入《いり》の外事にのみ専《もつぱ》らなるかと覗《うかが》ひ奉《たてま》つれば、否らず、御振舞《おふるまい》の淑《つつ》ましうおはしますこと、日頃は謙譲の御徳を旨とし給ひて、且つ御仁慈の深きこと、海も川も比へ奉らんに物は無し。（中略）
>
> 陛下の御仁恵に富ませ給ふは（中略）赤十字社、慈恵医院に御力添《おちからぞえ》の事ある等にて人も吾も覗《うかが》へるが、此の御心は係《かか》る際立ちたる公けさまのみならずして、朝夕の御内さま御起居の間と申すにも（中略）不知《しらず》不識《しらず》天之則《てんののり》に遵《したが》はせ給《たま》ふと云へるもの、御心の中に充満はせるが物に触れ事に応じて其の御恤《おんあわれ》みを垂れさせ給ふ抔とや申すべき。

皇后の側近の人たちが書いた記録を元にして、皇后の聖徳というものを世に知らしめるようになってきました。皇后の慈恵が早くから広められたのは、実際に皇后がその方面の「聖徳」に早く関わってきたこともあるでしょう。また、西洋の王室にならって、天皇・皇后がともに尊ぶべき存在だと示す意味もあったかと思われます。

六　「大帝」となった明治天皇

天皇の御製、皇后の御歌

佐藤によれば、日露戦争時に天皇の御製（和歌）、皇后の御歌《おうた》が新聞に頻繁に取り上げられ、紙面を賑わせるようになりました。徳富蘇《とくとみそ》峰《ほう》主宰の『国民新聞』が一九〇四（明治三七）年一一月七日に「御聖徳の一端」と題して、三首の御製を掲載しました。歌のおおよその意味を付け加えておきます。

児等《こら》は皆軍《いくさ》のにはに出て果てゝおきなやひとり山田もるらむ

（若者たちが皆、戦場に行ってしまった今、老人がひとり山の田んぼを守っているのであろう）

千《ち》早振《はやぶる》神のこゝろにかなふらむわが国たみのつくすまことは

（我が国民が誠を尽くすのは神の心にかなうことであろう）

四方《よも》の海皆はらからと思ふよになとあた浪のたちさわくらむ

（人々はみな同朋と思う世の中なのに、なぜ四方の海の波風が立騒ぐのだろうか）

『国民新聞』は翌日の社説で次のように述べています。

御製の三首は、単り帝国臣民の心胸を躍らしむるのみならず。併せて世界列国民をして、我が天皇陛下の聖徳を仰がしむ可き、高調を発揮したるを信ず。如何に陛下が、出征の軍隊、及び其の家族に軫念《しんねん》を労し給ひつゝある乎。如何に国民の義勇奉公の誠心を、感納遊ばされつゝある乎。将た如何に世界の平和、国際間の好意を、思召しつゝある乎。

日露戦争当時とその後

この『国民新聞』に他紙も追従しますが、とくに大きく取り上げたのは一九〇五（明治三八）年三月二八日の『東京日日新聞』でした。「玉の御声」という記事に御製二七首・皇后御歌七首、計三四首を掲載しています。左はそのうちの三首です。

きたひたる剣の光いちしるくよにかゝやかせわかいくさ人
（軍人・兵士たちよ、鍛えた剣の光を顕著に世に輝かせなさい）

いかならむ薬すゝめて国のためいたておひたる身をは救はむ
（国のために痛手を負った兵士らの身をどんな薬を勧めて救うことができるだろうか）

山を抜くひとのちからも敷島《しきしま》の大和《やまと》こころそもとゐなるへき
（大和ごころを根本とするなら、人の力でも山を抜くほどのこともできるだろう）

佐藤一伯によると、『聖徳録』は明治二〇年代、三〇年代前半（一九〇〇年以前）は一つしかないようです。三〇年代の後半に四点、明治天皇が崩御する四五年七月までの四〇年代に八点あり、一九〇〇（明治三三）年代以降に顕著な増加傾向がみられるということです。

先ほど申しましたように、資本主義化が進んで都市社会が発達していき、労働争議が起こったり、都市騒乱が起こるなど不穏な社会情勢が目立つようになります。他方で、帝国主義的な対外拡張に進み、とくに朝鮮では人々の反乱（義兵）や抗議行動が絶えない状況が続きます。国家統治の正当性への疑問が噴出しかねない状況を横目に見ながら、聖徳論が強調されていくわけです。

なお、医療では保険が大正時代くらいから次第に整えられてくるようになり、太平洋戦争の戦時中に国民皆保険に近づき、戦後に国民皆保険になります。戦時下の国家総動員体制と保険制度には波長が合うところがあり、戦争中と戦後がつながって福祉国家的な体制を整えていきました。

大正時代の「明治大帝」

大正時代（一九一二〜二六年）になると、時の天皇に「聖徳」があるという理念が消えてしまいます。大正天皇は影が薄いのですが、そのぶん、明治天皇が「明治大帝」として偉大さを強調されていきます。第3章で述べたように、一九二〇（大正九）年に明治天皇・皇后を祭神として明治神宮が創建されました。その神宮に付属して一九二六（大正一五）年には明治天皇・皇后の生涯と聖徳を讃える絵画を展示する聖徳記念絵画館がつくられました。

神宮外苑の中心的な施設です。

また、天皇誕生日の祝日（天長節）は、大正時代には大正天皇の誕生日の八月三一日で、明治天皇の誕生日の一一月三日は平日に戻っていたのですが、その日を明治天皇を讃える祝日にしようという運動が起こり、一九二七（昭和二）年に帝国議会で「明治節」という祝日とすることが制定されました。以後、新年節、紀元節、天長節と並ぶ四大節のひとつとして大きな祝日になり、戦後は廃止されましたが、「文化の日」と名を変えて祝日としては継続しています。

大正時代は第一次世界大戦（一九一四〜一八年）でオーストリア＝ハンガリー帝国やドイツ帝国が崩壊した後のベルサイユ体制下で、世界は君主制に対して不利に動き、共和国化・民主化の方へ向かっていきました。日本政府はそれを非常に恐れて、君主制の基盤を強化しようとしました。政治学者の吉野《よしの》作造《さくぞう》が民本主義論を唱えるなど、大正時代はデモクラシーの明るい時代ということになっているのですが、天皇神聖化は社会生活の基盤で進行しました。

もう一つ、これは次章で述べますが、治安の強化があります。明治時代末期、韓国併合の年に起こった大逆事件が、いかに大きな役割を果たしたかを思い起こす必要があります。一九一〇（明治四三）年の大逆事件（幸徳秋水事件）があり、一八年には米騒動があり、一二五（大

明治神宮　1920（大正9）年明治天皇・皇后を祭神として東京に創建された。

聖徳記念絵画館　1926（大正15）年に完成し、明治天皇・皇后の生涯と聖徳を讃える絵画が一般に公開された。周辺に神宮球場、秩父宮ラグビー場、改築中の国立競技場などがあってあまり目立たないが、元来は明治神宮外苑の中心施設である。

正一四）年に治安維持法が制定されます。これによって、国体論に反する思想、つまりは神聖天皇を崇めようとしない考え方を持つことが許されなくなってくるのです。大正時代には明治天皇の輝きとともに国体論が一般国民レベルに浸透していき、それに反対する議論が国民に支持される余地は縮まってきました。大正デモクラシーといわれる日本社会で、天皇神聖化はむしろじわじわと広まり深まったという見方が必要です。

天皇賛美になびく宗教指導者や学者

日露戦争の終結から明治天皇の死を経て大正時代が始まる時期、田中智学《たなかちがく》（日蓮主義国柱会の創始者）、出口王仁三郎《でぐちおにさぶろう》（神道系新宗教「大本《おおもと》」の教祖）のような宗教家も、宗教学者の加藤玄智《かとうげんち》や法学者の筧克彦《かけいかつひこ》、上杉慎吉《うえすぎしんきち》のような西洋の一流の学術を修めた人たちも、大川周明《おおかわしゅうめい》や平《ひら》泉澄《いずみきよし》や三井甲之《みついこうし》のような後に大きな影響を及ぼすイデオローグたちも神聖天皇の賛美の流れに乗り、やがて新聞記者や評論家たちもその方向に乗り換えていく傾向が強まりました。

大正時代は、一方で立憲主義的な方向への歩みも進んだように見えますが、他方、その背後では天皇の神聖化、そして国体論に反することのできない体制が構成されていった時代とも見なくてはなりません。そうした方向に向かう大きな転換点が日露戦争に勝ったことでした。明治天皇が広島に大本営を設けて、陣頭指揮したということになっています。ロシアに勝ったのはやっぱり明治天皇のおかげだということになります。こうした明治天皇の神聖化は、日本国の歴史上、きわめて特異な現象で、人々の考え方や生き方、また社会関係のあり方を大きく変えていったのです。

　それは大きな精神運動の展開であり、神聖天皇の賛美に逆らえない体制が強まっていく過程でした。学校や軍隊で神聖天皇を奉ることに国民が進んで参与していく過程が進んでいったのですが、福祉の領域でも天皇の「恩賜」によって「慈恵」をいただくという感覚が育てられていきました。戦後になっても上野公園とか新宿御苑とか、相撲やサッカーの天皇杯とか、叙勲・褒章とか、天皇・皇族の「慈恵」の文化は続いています。また、戦後の軍人恩給や靖国神社の行事も神聖天皇の慈恵に連なるものでしょう。多くの戦死者の遺族にとって、恩給はありがたいものでした。神聖天皇の権威が敗戦によっ

筧克彦（1872～1961年）　東京帝大法科を卒業後、ドイツに6年間留学。帰国後、東京帝大教授に就任。神道の思想家でもあった。

て格段に下がり、象徴天皇という地位になった戦後でも「慈恵」の感覚は続いていますが、戦前・戦時中にそれがどの程度のものであったか、想像してみる必要があるでしょう。

第5章

群衆と治安と天皇崇敬

一　天皇崇敬で高揚する群衆

行け二重橋前へ

神聖天皇への崇敬の歴史は、宗教史からみれば国家神道、政治史からみれば神権的国体論が日本を覆っていく過程を、一つの社会史的切り口から振り返ろうとするものです。「軍人勅諭」（一八八二年）や「教育勅語」（一八九〇年）が大きな働きをして国民の意識や行動を方向づけていったことはよく知られています。それが一段と明確になり、社会全体がその方向で固まっていくのが、日露戦争（一九〇四〜〇五年）から明治神宮の創建（一九二〇年）に至る時期です。この章では、この時期に注目して神聖天皇への崇敬が高まっていく経過を見ていきたいと思います。

神聖天皇への崇敬について、この本では、信仰、思想、価値意識を、特別な少数の思想家や影響力のある政治家のレベルだけでなく、一般社会レベルでの行動様式や思考様式や感受性と結びついているものとして、社会生活の中での変化を捉えようとしています。そ

皇居前に集まる人々 1912年7月20日、政府は明治天皇の「御容体書」を官報号外で発表。天皇の病状を知った人々は三々五々、皇居前に集まるようになった。また、全国の神社・寺院で平癒の祈願が行われた。(帝国軍人教育会編『御大葬写真帖』国立国会図書館蔵)

れが歴史を動かす大きな力の基盤をつくっていったという見方です。それもマルクス主義でいうように経済的利益に基づく階級的思想や変革思想やイデオロギーだけではなく、宗教的なものや集合的価値意識と密接に結びついて、次第に集団の力として、また政治的な影響力として目立つようになっていくものに注目しています。その点で目立った変化が見えてくるのが日露戦争以後です。

天皇の死において、それが露わになります。一九一二(明治四五)年七月に明治天皇が亡くなる前に病状悪化が伝えられたときには皇居の二重橋前に多くの人が押し寄せて平癒祈《へいゆき》願《がん》をしました。これが一つの大きなきっかけになって、二重橋前が非常に重要な神聖な場所になります。それを新聞報道でみると、当初はそれを冷ややかにみています。二重橋前で天皇の平癒を祈願するけれども、それぞれの流儀で勝手にやっている。合理性のない迷信くさいやり方で情緒を露わにしながら騒いでいると受け取っていました。ところが、その庶民の動きに新聞が共鳴する報道になってきます。

たとえば東京朝日新聞でみると、ある段階で読者に「行け！　行け！　二重橋前の辺に！」と訴える記事になります。メディアが群衆に乗って、宗教的かつ情緒的なナショナリズムが現れる。そういう方向へ動いていきました。

「新宗教の創出」

天皇崇敬の高揚を表すのに、その頃使われた言葉が平山昇の『初詣の社会史』にいろいろ出ています。たとえば、エモーショナルにみんなが天皇の平癒を祈願しているのを「感情美」という言葉で描き、それへの共鳴の高まり広まりを表現します。そのほかに「熱誠」、「赤誠」、「天皇の赤子」など、そういう言葉が使われていますが、これらは後の満州事変以降の時期に盛んに使われるようになります。そういう形で、「民衆の天皇崇拝は尊いものである」とされるようになり、それに合わせて国民世論を一致させようとする報道

筑摩選書

4月の新刊　●17日発売

0174

台湾物語
▼「麗しの島」の過去・現在・未来

作家・明治大学教授　**新井一二三**

ガイドブックよりも深く知りたい人のために！　台湾でも活躍する作家が、歴史、ことば、民俗、建築、映画、そして台北、台中、台南などの街と人々の物語を語る。

01681-2　1500円

好評の既刊　＊印は3月の新刊

雇用は契約 ――雰囲気に負けない働き方
玄田有史　柔軟で安定した職業人生を送るための必読書
01665-2　1600円

流出した日本美術の至宝 ――なぜ国宝級の作品が海を渡ったのか
中野明　明治に起きた日本美術の海外流出の実態とは
01667-6　1700円

教養主義のリハビリテーション
大澤聡　来るべき教養の姿を、第一級の論者と共に探る！
01666-9　1500円

終わらない「失われた20年」 ――嗤う日本の「ナショナリズム」・その後
北田暁大　ネトウヨ的政治に抗し、リベラル再起動へ！
01669-0　1700円

民主政とポピュリズム ――ヨーロッパ・アメリカ・日本の比較政治学
佐々木毅 編著　各国の政治状況を照射、来るべき民主政とは？
01668-3　1500円

骨が語る兵士の最期 ――太平洋戦争・戦没者遺骨収集の真実
楢崎修一郎　人類学者による戦地からの遺骨鑑定報告
01670-6　1500円

魔女・怪物・天変地異 ――近代的精神はどこから生まれたか
黒川正剛　中世末期、なぜ怪異現象が爆発的に増殖したか
01671-3　1600円

教養派知識人の運命 ――阿部次郎とその時代
竹内洋　一個の生涯が告げる「教養」の可能性
01672-0　2000円

いにしえの恋歌 ――和歌と漢詩の世界
彭丹　和歌と漢詩の世界を「恋の歌」から読みとく
01673-7　1600円

「もしもあの時」の社会学 ――歴史にifがあったなら
赤上裕幸　「歴史のif」の可能性を探究した意欲作！
01675-1　1600円

ルポ プーチンの戦争 ――「皇帝」はなぜウクライナを狙ったのか
真野森作　続くウクライナ戦争。ハイブリッド戦争の真相
01676-8　1800円

フーコーの言説 ――〈自分自身〉であり続けないために
慎改康之　初めて明かされる思考の全貌
01674-4　1600円

美と破壊の女優 京マチ子
北村匡平　破壊者にして美の体現者、京マチ子の全て！
01677-5　1600円

「抗日」中国の起源 ――五四運動と日本
武藤秀太郎　百周年を迎える歴史的事件を新たな角度から分析
01679-9　1700円

＊**内村鑑三** ――その聖書読解と危機の時代
関根清三　時代の危機と斬り結んだ生涯
01678-2　1800円

＊**掃除で心は磨けるのか** ――いま、学校で起きている奇妙なこと
杉原里美　奇妙なことが起きている教育現場を徹底取材
01680-5　1500円

6桁の数字はISBNコードです。頭に978-4-480をつけてご利用下さい。

4月の新刊　●11日発売　**ちくま学芸文庫**

大嘗祭

真弓常忠

天皇の即位儀礼である大嘗祭は、秘儀であるがゆえ多くの謎が存在し、様々な解釈がなされてきた。歴史的由来や式次第を辿り、その深奥に迫る。

09919-8
1200円

孤島

ジャン・グルニエ　井上究一郎 訳

「島」とは孤独な人間の謂。透徹した精神のもと、話者の綴る思念と経験が啓示を放つ。カミュが本書との出会いを回想した序文を付す。（松浦寿輝）

09921-1
1200円

論証のルールブック〔第5版〕

アンソニー・ウェストン　古草秀子 訳

論理的に考え、書き、発表し、議論する。そのための最短ルートはマニュアルでなく、守るべきルールを理解すること。全米ロングセラー入門書最新版！

09924-2
1000円

私の憲法勉強

中野好夫　■嵐の中に立つ日本の基本法

戦後、改憲論が盛んになった頃、一人の英文学者が日本国憲法をめぐる事実を調べ直し、進行する事態に警鐘を鳴らした。今こそその声に耳を傾けたい。

09923-5
1000円

6桁の数字はISBNコードです。頭に978-4-480をつけてご利用下さい。
内容紹介の末尾のカッコ内は解説者です。

皇居の二重橋前には天皇の病状回復を祈ってひざまづく人々の姿が見られるようになった。

が形づくられていったのです。

そして明治天皇が亡くなると、「お墓は京都」と天皇自身が定めていたということで、東京に何かをつくらなければならない。そこから明治神宮創建論が出てきて、あっという間にそれが支配的になりました。これについては東洋経済新報社の石橋湛山《いしばしたんざん》をはじめ、懐疑論を持つ人もいました。死後すぐに天皇を神として祀《まつ》る明治神宮創建論は、今でいえば「信教の自由」「思想・信条の自由」の観点からも非常に危うい。けれども、異論はなかなか新聞に掲載されずに無視されて、世論はぐんぐん明治神宮創建に向かっていきました。

こういう状況をみながら、東京帝国大学の外国人教師だったチェンバレンが当時の日本で「新宗教の創出」(the Invention of A New Religion) がなされていると論じました。世界でも、王権儀礼が盛んに相互に影響し合いながら発展して伝統を創造していくということが着目された時期です。近年もそういう観点から、トロント大学のタカシ・フジタニが『天皇のページェント』で論じていますが、国民国家形成期のナショナリズムの現れともいえます。欧米ではナショナリズムというと世俗的なものと見なしがちなのですが、本書では、日本の場合、それが強烈な宗教性をもった神聖天皇崇敬という形で、また皇室祭祀と神社神道と国体論を含み込んだ国家神道と連動しつつ形成されていったことに注目しています。この章で取り上げる時期は、群衆が社会を動かす重要なアクターであることが認識されてく

明治天皇の大葬　葬儀は1912年9月13日の夜に、青山練兵場（現在の神宮外苑）で行われた。写真は皇居から葬場に向かう葬列。沿道に多くの人が押し寄せた。

伏見桃山陵での埋柩の儀　明治天皇の遺体は列車で伏見（京都市伏見区）の陵所に送られ、同月14日に埋葬された。江戸時代の天皇の多くは火葬されたが、幕末の孝明天皇のときから古墳のような墳墓が復活した。図は臨時の桃山駅から山上の陵所までの霊柩を運ぶ行列。おりからの激しい雨が白い線で描かれている。（2点とも大喪使編『明治天皇御大葬儀写真帖』国立国会図書館蔵）

る時期ですが、日本ではそれが神聖天皇崇敬の顕在化として現れました。

群衆と近代ナショナリズムの高揚

明治が大正になる一九一二年は、フランスの社会学者エミール・デュルケムが『宗教生活の原初形態』という本を書いた年です。そこに「集合的沸騰」という言葉が出てきます。国民が一体となってネーション（国家）を讃えるなど、集団が一致して高揚感を覚えて、この世ならぬものを感じることこそが宗教の元にある。部族社会の宗教の元にも「集合的沸騰」があるのだと論じています。

この時期に群衆心理学が起こってきます。フランスの社会心理学者ガブリエル・タルドの『模倣の法則』（一八九〇年）とか、ギュスターヴ・ル・ボンの『群衆心理』（一八九五年）が書かれ、オーストリアの精神分析学者フロイトも『集団心理学と自我の分析』（一九二一年）を書いて群衆現象に注目しました。近代ナショナリズムの高揚の時期です。そのような群衆の熱狂や一体感を見ていくと、日本ではすでに日露戦争の頃に、戦争に勝つために、政府が仕掛けて提灯《ちょうちん》行列のようなことをたびたびやっています。一九〇四（明治三七）年二月開戦の頃には数万人の動員ですが、何カ月かたって乃木《のぎ》がロシアの旅順《りょじゅん》要塞を攻略して旅順開城を果たした翌年一月には一〇万人を超え、二月から三月にかけての奉天会戦《ほうてんかいせん》のとき

絵葉書になった乃木夫妻の葬儀　殉死した夫妻の葬儀は自宅で1912年9月18日に行われ、乃木邸周辺は弔問に訪れた人で埋まった。（写真©イマジンネット画廊）

には二一万人が動員されました。

この日露戦争の前年の一九〇三年に、皇居とお濠《ほり》をはさんで隣接する日比谷公園ができています。この日比谷公園から皇居前への通りが行列のコースとなります（原武史『増補　皇居前広場』）。また、祝勝の祭典が靖国神社で行われます。ロシア軍から獲った戦利品を使って、いろいろなデコレーションをつくりました。建築史家の橋爪紳也も注目していますが、凱旋門の代わりに緑のアーケードをつくるのが世界的に流行していましたが、それが日本でも流行する非常に大きな機会になったのが日露戦争でした（橋爪紳也『祝祭の〈帝国〉』）。天皇の偉大さを褒め称え、祝勝の意気

日露戦争凱旋観兵式　1906（明治39）年4月30日、青山練兵場（現神宮外苑）で陸軍の兵３万人の観兵を行った。（『明治天皇紀附図稿本』宮内庁宮内公文書館蔵）

を上げる道具立てが盛んにつくられました。この流れを受けて民衆主導の明治天皇の平癒祈願があり、さらに乃木の殉死のときの民衆の熱狂があります。乃木のお葬式は明治天皇のお葬式に勝るとも劣らない集合的沸騰になりました。

そうして天皇崇敬は群衆が先導し、マスコミが従いあおるといった状況が日露戦争後の動きの中で起こってきました。それは一九四一（昭和一六）年一二月の真珠湾攻撃以後の太平洋戦争下の状況にも通じることで、大本営発表の戦果を鵜呑みにするようなことにもなっていくわけです。

二　大逆事件と思想誘導

治安の強化と知識人の沈黙

しかし、群衆とメディアの方向を導いていった要素として、「国体」を掲げた治安の動きが大きいものだったことを忘れてはなりません。讒謗律《ざんぼうりつ》・新聞紙条例（一八七五年）、集会条例（一八八〇年）、保安条例（一八八七年）、治安警察法（一九〇〇年）と締め付けが強められていきますが、大きな転換点は大逆罪《たいぎやくざい》の適用（一九一〇年）、そして治安維持法の制定（一九二五年）です。これらによって思想・言論の自由が厳しく抑圧されていきました。天皇を傷つける恐れがあることなら取り締まっていいという考え方によって、強引に、民衆の思想や感情を方向づけていく。神聖天皇への崇敬の強化という点では、この側面がたいへん重要な働きをしています。

大逆罪は太政官布告によって一八八二（明治一五）年に施行された旧刑法の条項（第一一六条）で、「天皇三后（太皇太后・皇太后・皇后）皇太子ニ対シ危害ヲ加ヘ又ハ加ヘントシタル者ハ

幸徳秋水（1871～1911年）　新聞『万朝報』の記者だった思想家。1910（明治43）年大逆罪で死刑判決を受け、翌年、処刑。右は妻の管野スガ（1881～1911年）で同じく処刑された。

死刑ニ処ス」と定められたものです。一八九〇年の大日本帝国憲法の制定後に改定された刑法でも同様の大逆罪が規定されました。それは計画しただけで実行しなくても適用されることに加えて、他の犯罪と違って、裁判は大審院（今の最高裁判所）での一審のみ、刑罰は死刑のみで無期懲役もない。近代的な法理からみると非常に専制政治的な法律でした。

この刑法が適用された大逆事件はいくつかあります。その最初で、単に大逆事件といえば一九一〇（明治四三）年の幸徳秋水《こうとくしゅうすい》の事件を指します。治安を名目とした言論の抑圧、運動の取り締まり、その結果としての国民の思想・信条の誘導という点で、きわめて大きな影響を及ぼしたのがこの大逆事件です（田中伸尚『大逆事件』）。

都市暴動の発生

前に群衆が天皇崇敬を盛り上げると話しましたが、群衆は逆に国家体制を脅かすこともあります。都市に群衆が現れて暴動や暗殺事件が起こることを政府は非常に恐れました。実際、一九〇五年には日比谷焼打事件が起こりました。日露戦争後のポーツマス講和条約にロシアの賠償金支払いが決められていないことなどに怒る人々を集めて、河野広中《こうのひろなか》らの野党勢力が東京の日比谷公園で条約反対の決起集会を開こうとしたところ、警察が公園を封鎖したため、群衆が怒って暴動を起こした事件です。交番や警察署などを襲撃して破壊し、各所で火を放ちました。

国民新聞社も襲撃されました。国民新聞は政府寄りでポーツマス条約を支持していたからです。他の多くの新聞は「たいへんな犠牲を払ってロシアに勝ったのに、これだけのものしか得られないのか。屈辱的だ」といった人々の不満に同調していました。ところが、その反政府大衆の運動も天皇を掲げました。「赤誠天地を動かす」とか「億兆一心」といった言葉が使われています。

その後、日比谷公園は騒乱事件が起こる要の場所になりました。この後にも電車賃値上げ反対の集会とか、増税反対集会とかがあり、シーメンス事件（ドイツのシーメンス社による海軍高官への贈賄事件。一九一四年）が起こり、一九一八年七月以降の米騒動へと展開します。米騒動は米価の高騰に怒った富山県の女性たちの行動から、八月中旬には全国の大都市へと広

米騒動　1918（大正7）年、富山県で米価の高騰に抗議す女性たちの運動が全国に広がった。写真は8月中旬、岡山市に波及した米騒動。（写真©朝日新聞社／時事通信フォト）

がり、下旬には各地の炭鉱へと広がりました。米問屋の打ちこわしなどの騒乱にも至り、参加者は全国で三〇〇万人を超え、起訴処分を受けた者は七〇〇〇名を超えました。

日露戦争後から大正期にかけて、そのほかにも、労働争議、ゼネストなどが頻発するようになっていきます。すでに日本最初の反公害運動とされる足尾鉱毒事件が一八九〇（明治二三）年ぐらいから起こっていましたが、一九〇七年には足尾銅山争議が起こりました。労働争議や都市暴動が体制変革に至るような事態を、統治者側は強く恐れました。

社会主義、無政府主義の取り締まり

一九〇八（明治四一）年には赤旗事件が起こりました。錦輝館《きんきかん》という映画館で開かれた社会主義者の集会で革命を訴える赤旗をふり、荒畑寒村《あらはたかんそん》、大杉栄《おおすぎさかえ》、堺利彦《さかいとしひこ》などが検挙された事件です。その集会は、兇徒聚衆罪《きょうとしゅうしゅうざい》という罪で投獄されていた評論家・新聞記者の山口孤剣《やまぐちこけん》の出獄を歓迎するために開かれました。このような出獄者歓迎の動きが治安当局を大いに刺激します。

そのころ、知識人に社会主義や無政府主義やトルストイ主義、またそれらに類する思想が流行っていました。また、朝鮮半島の植民地支配が進む時期でもあります。一九〇五年に韓国を保護国化する日韓協約が結ばれ、〇九年に韓国統監府初代統監だった伊藤博文《いとうひろぶみ》が韓国人の安重根にハルビンで射殺される事件が起こります。政府は半島の治安強化を理由に、翌年八月、韓国併合条約を締結して植民地化しました。このように、暴動が国内レベルから植民地を含めた帝国的な規模での懸念にもなってくる時期です。

韓国併合の直後に、検察は大逆罪を初めて適用して、前述の大逆事件を起こしました。長野県中川手村明科《あかしな》（現安曇野市）で天皇暗殺をねらって爆裂弾をつくったという明科事件を契機に、治安当局は一九一〇（明治四三）年五月から数カ月、その計画に共謀したというストーリーで各地の社会主義、無政府主義につながる集団を次々と摘発して多数を検挙します。そして短期の裁判で結審とし、翌年一月、二三名を死刑とし、幸徳秋水、管野《かんの》スガら一二名を処刑しました。判決から死刑の執行までにほとんど時間がない。しかも、その死刑の理由がよくわからないという事態でした。

罪がない人間も死刑にする。死刑をもってあからさまに処罰して声をあげることができなくする。「大逆」とは天皇に反逆するという意味ですから、天皇に反逆する疑いがあるとなれば死刑にあうというメッセージを強烈に発したことになります。この事件を背後で動かし、検事として幸徳秋水らの捜査の指揮にあたったのが、後に首相になる平沼騏一郎《ひらぬまきいちろう》でした。また、首相時代に治安警察法を制定した山県有朋《やまがたありとも》などが背後にいました。

大逆事件の衝撃

天皇に反逆する意思をもったと推定された人間が、何人も死刑になった大逆事件は知識人に大きな衝撃を与えました（中村文雄『大逆事件と知識人』）。天皇を殺そうという計画を立てた「主義者」がいる。その後、「アカ」と呼ばれる「主義者」は危険だ、彼らを警戒しなければいけないという方向づけが強烈に行われたからです。

知識人は抗議することもできず縮み上がっているほかない状況になります。作家の徳冨《とくとみ》蘆花《ろか》が一高での講演で語った「謀叛論《むほんろん》」がほとんど唯一の抗議でした。蘆花は「明治維新をみろ。反逆した連中こそが、国のために尽くして新しい社会をつくったではないか」と熱弁を奮いました。しかし、この講演の報道はされず、出版することも許されません。第二次世界大戦後になってはじめて読めるようになったものです。

また、東京朝日新聞社に勤めていた当時二四歳の石川啄木《いしかわたくぼく》が事件後に「我々青年を囲繞《いぎょう》する空気は、今やもうすこしも流動しなくなった」という有名な評論「時代閉塞の現状」を書きましたが、新聞には掲載されませんでした。また、大逆事件の裁判の弁護人で作家でもあった平出修《ひらいでしゅう》が法廷の様子を小説にして『逆徒』を一九一三（大正二）年に雑誌『太陽』（博文館発行）に書きましたが、その号は発禁処分になりました。

こうして社会主義の冬の時代といわれる時代になり、知識人にとっては皇室崇敬に対して沈黙、または加担する時代に入っていきます。一九一九年に永井荷風《ながいかふう》は当時を振り返って、『改造』誌に小説「花火」を書きました。荷風は大逆事件の処刑が行われた東京監獄（市谷刑務所）に大逆事件の囚人たちが入っていくのを目撃しつつ沈黙を守った経験を語ります。一方、フランスではドレフュス事件（一八九四年にユダヤ人の陸軍大尉アルフレド・ドレフュスがスパイとして捕らわれた冤罪事件）に知識人たちが猛烈に抗議運動をおこして、亡命した人もいたのを振り返ります。そして、「とても自分にはそれはできない、自分にふさわしいのは江戸の戯作者の態度である」と述べています。政治的な問題からは逃げて、遊び人として振る舞うという韜晦《とうかい》の姿勢を示した作品です。

三　天皇崇敬と国体論の強制

南北朝正閏問題の発生

大逆事件をめぐる動きがいかに世の中に大きなインパクトを与えたかという事例の一つが「南北朝正閏《せいじゅん》問題」です。南北朝は建武《けんむ》の新政《しんせい》で足利尊氏《あしかがたかうじ》と対立した後醍醐《ごだいご》天皇が一三三六年に京都を脱出して吉野に南朝を立てたことから始まります。その後、南朝第四代の後亀山《ごかめやま》天皇が一三九二年に北朝の後小松《ごこまつ》天皇に皇位を譲って譲位し、後小松天皇が引き続き在位する形で南北朝が合一しました。以後は北朝系の皇統が現在まで続きます。よって、南北朝のどちらが正統ともいえず、明治時代の国定教科書でも南北朝両立と記述されていました。

ところが、大逆事件の裁判で幸徳秋水が「いまの天皇は南朝の天子を暗殺して三種の神器をうばいとった北朝の天子ではないか」と発言した、そう外部に漏れ伝わって問題になりました。その発言に実は確実な証拠はありません。しかし、大日本教育団という団体の峰間《みねま》信吉《しんきち》（鹿水）という人物が、その発言を取り上げ、国定教科書の叙述が南北朝両立論であることを問題視して、政治問題化していきます。

最初は中央新聞というマイナーな新聞が取り上げたのですが、大逆事件の判決が下された翌日の一九一一（明治四四）年一月一九日、読売新聞に「南北朝正閏問題［国定教科書の失態］」という記事が掲載されました。二月二二日には、立憲国民党の犬養毅《いぬかいつよし》と河野広中が連名で、「大逆事件並びに南北朝正閏論に関する決議案」を衆議院の本会議に提出します。相前後して、大日本国体擁護団が結成され、各地で講演会や政府弾劾集会が開かれるようになりました。その後、雑誌『日本及日本人』『教育界』『太陽』や読売新聞などで南北朝正閏論がさかんに取り上げられます。それまでは実証史学が華やかな頃で、喜田貞吉《きださだきち》、三上参次《みかみさんじ》など一流の歴史学者が西洋の実証史学の方法に基づいて南北朝は並列すると教科書に書きました。それがけしからんということになりました。「南朝こそが正しいという歴史に変えろ」という運動が起こされたのです。

南北朝正閏問題と学者・知識人

天皇と宮内省は「北朝を排除するのはおかしい。私たちは北朝系だし、北朝のお墓なども大事にしているのだから」という立場でしたが、元首相の山県有朋《やまがたありとも》が最終的には世論を抑えるためにはしようがないということで南朝正統論こそ真実と決定します。山県有朋は桂太郎《かつらたろう》首相と小松原英太郎《こまつばらえいたろう》文部大臣に働きかけ、二月二七日、北朝の歴代は皇統から削除するように教科書を改訂することを閣議決定させました。同日、問題とされた教科書の作成者である喜田貞吉に文部編纂の休職が命じられ、喜田と三上は教科用図書調査委員を辞任します。

同月一四日には師範学校教授要目が改正され、「南北朝」にかえて「吉野の朝廷」と時代表記することにし、南朝正統論が流布されていきます。喜田貞吉や三上参次などの有力な歴史学者が東京帝大を去り、教科書が書き換えられました。大逆事件で摘発されたのは、天皇陛下を殺そうとした社会主義者、無政府主義者という悪逆の輩ということでしたが、彼らを歴史学者たちが後押しして広めていたという構図になり、新聞紙面を賑わしたのでした。

この間、政権の中枢とたいへん近い地位にあった作家に森鷗外《もりおうがい》がいました。鷗外は陸軍軍医総監・陸軍省医務局長という高官であると同時に、文芸誌『昴《すばる》』を支えるなど、文学者のリーダーの一人でもありました。鷗外は石川啄木や平出修らの文学者たちの気持ちがわかっていて、「西洋の知識人ならここでは反逆するのだ。頑張れ」と言って応援するそぶりも見せながら、山県有朋の周りでは「こういうふうに世論を善導しよう」という話に入る。森鷗外とはそういうふうな対処ができる人だったのです。

そのことを小説にいくつか書いていますが、「かのように」(一九一二年)が有名です。そこには身分の高い華族の歴史学者と芸術家が出てきて、芸術家に対して歴史学者が、「お前はいいいな。〈かのように〉をそのまま表現できる立場だから。我々は真実の世界を求めているのに、歴史を〈かのように〉で書くことはできない」と嘆いている小説です。森鷗外は自分を危うくせずに文学者を応援し、政府の立場にも従うことができる人物でしたが、それは高い地位にあって権力をもっていればこそです。多くの知識人は神聖天皇の側に立つのでなければ、永井荷風のように韜晦《とうかい》する、つまり自分の考えを隠すしかなかったのです。

内面化していった知識人たちの立場

日刊新聞『万朝報』で健筆を奮っていた内村鑑三《うちむらかんぞう》は、日露戦争以後、方針を変更して社会・政治評論をやめて聖書の研究に向かいました。内村は天皇崇敬を引き下げることはなく、むしろ天皇崇敬を表に出しているところがあります。そして、聖書の研究を通して多くの弟子を育てたことは歴史的に偉大な功績です。その内村と組んでいたのが新渡戸稲造《にとべいなぞう》です。彼らに育てられた知識人たちは、思想抑圧の政府への抗議に向かうのではなく、それぞれの専門分野での卓越を目指したと考えると、森鷗外と立場は近いのかもしれません。

文学者では一九〇五年に島崎藤村《しまざきとうそん》が長篇小説『破戒』を書きました。それは被差別部落出身の小学校教師が父の戒めを守って隠していた出自を告白し、ついに故郷には容れられずに去っていきます。その人生をそのままに描き出した『破戒』は自然主義文学の嚆矢とされます。人々の辛い生活を描く自然主義は潜在的には社会批判的なものを含んでいます。しかし、大正時代に文学の主流になったのは、華族や資産家の子が学ぶ学習院出身の武者小路実篤《むしゃのこうじさねあつ》、志賀直哉《しがなおや》らを中心とする白樺派《しらかば》でした。白樺派は社会問題は横目に見ながら、個の確立という方向で理想を掲げて思想を深めていきました。いわば内面の時代です。個の確立が神聖天皇体制の批判につながるのがプロレタリア文学ですが、これは短期間で厳しく弾圧されました。

大逆事件の処刑があった一九一一年は西田幾多郎《にしだきたろう》の『善の研究』が出た年です。西田哲学は政治には距離を取りながら、西洋近代とは異なる東洋の論理を打ち立てようとしました。また、『歎異抄』を再発見して世に出した真宗大谷派の清沢満之《きよざわまんし》や近角常観《ちかずみじょうかん》の門下が中心になり、浄土真宗が急速に人気の宗教になりました。大正初期には『歎異抄』が爆発的に流行し、倉田百三《くらたひゃくぞう》が戯曲『出家とその弟子』（一九一六年）を書くなど、一年に何冊も親鸞《しんらん》を主題とした本が出ました。

社会主義の「冬の時代」に非政治化し、社会的な葛藤から身を隠すようにして内面化していく展開は、永井荷風の「花火」に表現されていましたが、大正時代の知識人の宗教的な関心の隆盛とも、当時の自由教育運動や大正教養主義ともつながっています。そこでは、精神の自由、思想・信条の自由を枠づけている神聖天皇崇敬に向きあい、批判したり、距離をとって相対化する思想や表現が十分に育つことはできなかったのです。

四　天皇崇敬へ向かった知識人

加藤玄智と明治聖徳記念学会

一方で、この時期に天皇崇敬を自らの信念とする方向へ向かっていく知識人もいました。その一人が明治聖徳記念学会をつくる加藤玄智《かとうげんち》（一八七三～一九六五年）です。加藤は東京帝大の宗教学を出た学者ですが、浄土真宗のお寺の出身で一九〇〇年代には新仏教運動に加わっています。『新仏教』誌に結集した若い仏教徒たちは、革新的な姿勢を示し、近代の合理主義と矛盾しないような仏教を提起しようとしました。

加藤の場合、西洋の宗教学理論を受け入れて、最高の宗教はキリスト教と仏教で、それに次いでイスラムなどがある。それらと比較して神道は劣るといった議論を展開していたのです。ところが、明治天皇の死と乃木夫妻の殉死を契機に一大転換して、明治天皇の崩御後の五カ月間で『神人乃木将軍』を書いて、「神道にこそ最高の倫理性がある。乃木大将がそれを示した」といいます。以後、加藤玄智は乃木をモデルに、神格的天皇に命を捧げるような信仰が神道の本質だという論理で神道研究を進め、一九二〇年に東京大学文学部にできる神道講座の主軸の一人として神道研究に貢献していきます（一九三四年退任）。

明治聖徳記念学会は一九一二年一一月三日、死後間もない明治天皇の誕生日に創設されました。今もある同会の公式サイトによれば「人文史的學問ノ新研究ニ照シテ本邦思想ノ特色ト我ガ建國精神ノ大本トヲ闡明シ、我カ國體ノ精華ト日本ノ文明トヲ内外ニ顕彰シ、以テ自ラ知ルニ努ムルト同時ニ、日本文明ノ眞相ヲ世界ノ學界ニ紹介シテ、彼我ノ精神的理會ニ資セムコトヲ期ス」（会則第三條）などを目的に掲げました。太平洋戦争後の被占領下には「明治聖徳」と言えなかったので、「加藤玄智博士記念学会」と改称しており、旧名にもどったのは一九六三年です。

加藤玄智（1873〜1965年）　東京帝大の宗教学教授。神道学者でもあり、明治聖徳記念学会をつくる。

平泉澄の思想的覚醒

一九三〇年代後半には東京大学文学部に神道講座に加えて国体学講座を新設する動きがありました。これは文部

平泉澄（1895〜1984年）　東京帝大文学部教授。皇国史観によって「平泉史学」とも呼ばれる国体論を展開した。

省の求めによるもので、文学部内でこれを推進しようとしたのは国史学科教授の平泉澄《ひらいずみきよし》（一八九五〜一九八四年）ですが、文学部はこれに抵抗し、日本思想史講座とし、平泉が国史学科から移動することになりました。神道講座と並んで日本思想史講座が存在する体制となりましたが、どちらも学科に昇格することはできませんでした。大学には神聖天皇強制に抵抗する力がかろうじて残っていたことがうかがえます。

この平泉澄は、昭和前期、東京帝国大学の国史学の助教授（一九二六年）・教授（三五年）として天皇崇敬を鼓吹する側に立って大きな影響力を及ぼした学者です。彼は福井県の平泉寺（現在、勝山市平泉寺町）の白山神社の出身です。地名からもわかるように、白山神社は明治までは霊応山平泉寺という白山系修験、神仏習合の寺院でしたが、神仏分離で白山神社になったわけです。そこの神職の息子であった平泉澄は大野中学校（今の県立大野高校）の生徒時代に幸徳大逆事件から強烈なインパクトを受けます。

そして、友達の内山進《うちやますすむ》（旧姓は十時）と組んで「再びかかる凶徒の出現を防止せんが為に」（平泉澄『悲劇縦走』）、中学校長に意見書を出しました。その中学校に、社会問題とかトルストイの話をする教員がいたのですが、社会主義に近い思想をもつ教員がいるのはけしからんとして排斥運動を起こしたのです。その後、彼は四高に進んで、そこではキリスト教の本を読んだりしていました。本格的に右傾化していくのは東京帝大に入ってからのようですが（若井敏明『平泉澄』）、彼は自分の人生をふりかえって、大逆事件の時期に決定的なインパクトがあったと述べています。

三井甲之（1883～1953年）　本名は甲之助。歌人・評論家として雑誌『日本及日本人』などに執筆。

三井甲之・筧克彦・上杉慎吉

一九〇〇（明治三三）年くらいから一九二〇（大正九）年くらいの時期に、後の昭和期に神聖天皇を掲げる思想運動をリードしたり、学者らを激しく攻撃したり、クーデターを起こす動きに加わるような人たちの多くが神権的国体論へ思想転換していきました。（前川理子『近代日本の宗教論と国家』）

三井《みつい》甲之《こうし》（一八八三～一九五三年／歌人）は東京帝

上杉慎吉（1878〜1929年）　東京帝大法学部教授。天皇主権主義の憲法学者の天皇機関説に反対した。

大の文学部を卒業し、親鸞への帰依を深めるとともに、歌人としての道を歩みます。その一方、次第に陸羯南《くがかつなん》の『日本』に投稿するなどして民族主義の傾向を強め、やがて「祖国日本の無窮の生命」を信仰の対象とするようになります。その転機となったのが、明治天皇の死だったと言います。この三井甲之につき従い、日本主義の傾向を強め、やがて京都帝国大学の瀧川幸辰《たきがわゆきとき》を教授の地位から追い落としたり、天皇機関説事件で美濃部達吉を攻撃したりしたのが蓑田胸喜《みのだむねき》（一八九四〜一九四六年）です（中島岳志『親鸞と日本主義』）。

筧克彦《かけいかつひこ》（一八七二〜一九六一年）は東京帝大法学部の教授で、この時期にドイツの理論などで武装しながら天皇崇敬を柱とする神道の新しい理論をつくっていきました。同じく東京帝大法学部出身の上杉慎吉《うえすぎしんきち》（一八七八〜一九二九年）は一九〇六年から〇九年にかけてドイツに留学し、それまでは抑え気味であった天皇崇敬の立場を強力に提示するようになりました。美濃部達吉の天皇機関説を否定する新しい派の憲法学者で国体論的な論理で身を固めました。彼は留学して西洋の思想の影響を受け、美濃部に対抗する。また、美濃部が打ち立てた強力な天皇機関説に対抗できる国体論的な論理を打ち立てようとしました。両者の最初の論争が、一九一一年から一二年にかけて起こっています。

大川周明・北一輝・国民道徳論

大川周明《おおかわしゅうめい》（一八八六〜一九五七年）も東京帝大文学部の宗教学科の出身者です。彼も加藤玄智と同じように「進化した宗教」に共鳴していた人ですが、一九一二（明治四五）年頃から松《まつ》村《むら》介石《かいせき》（一八九五〜一九三九年）がつくった道《どう》会《かい》のリーダーとなり、国体論的な立場に立つようになります。

大川周明（1886〜1957年）　日本主義を唱えた右翼思想家。太平洋戦後の東京裁判ではA級戦犯として起訴された。

　松村介石はキリスト教会の牧師でしたが、一九〇七年に「道は一なり」として、神道・儒教・仏教などを取り入れた独自のキリスト教、「日本教会」を創立しました。明治の終わり頃から次第に国体論への共鳴を強めて、一九一二年に「日本

北一輝（1883〜1937年）　国家社会主義の運動家で二・二六事件を起こした青年将校の理論的指導者として処刑された。

教会」を「道会」と改称しました。そして、『道』という雑誌の編集を大川周明に委ねるようになります。

天皇を崇敬するのではないが、天皇を掲げ、独自の国体論を唱えて体制変革を起こそうとした北一輝《きたいっき》（一八八三〜一九三七年）はすでに一九〇六（明治三九）年に『国体論及び純正社会主義』を刊行し、一九一九（大正八）年に『国家改造案原理大綱』を刊行します。北一輝と大川周明はこの一九一九年に、天皇のもとでの国家改造を目的とする国家主義団体の猶存社《ゆうぞんしゃ》を結成します。カリスマ的な影響力をもった北や大川は、一九三二（昭和七）年の五・一五事件や一九三六年の二・二六事件を起こす軍部の青年将校らに大きな影響を与えることになります。

教育勅語にのっとった道徳を体系化し、師範学校で教えようとする「国民道徳論」が出てくるのも、一九一〇年前後です。当時、師範学校の教師たちが教育勅語、修身教育の裏づけとなる国体論の理論を求めていました。そこで文部大臣の求めに応じて、哲学者の井《いの》上哲次郎《うえてつじろう》が『国民道徳概論』（一九一二年）をまとめ、他に教育学者の吉田熊次《よしだくまじ》の『国民道徳と教育』（一九一一年）、神道学者の田中義能《たなかよしとう》の『国民道徳要領講義』（一九一八年）、倫理学者の藤井健治郎《ふじいけんじろう》の『国民道徳論』（一九二〇年）などがあります。日露戦争後に社会問題が深刻化して暴動や騒動が起こってくるなかで、なんとか国民を道徳的に善導しなければいけない。それについては教育をしっかりしなければならない。日本の国体にふさわしい思想を小学生だけでなく中等教育・高等教育を受ける人間にも身につけさせようとする動きでした。教育勅語に基づく「治教」の「教学」の体系化が進められたと見ることができます。

五　宗教運動・大衆運動が国体論を取り込む

田中智学と国柱会

日露戦争から乃木殉死に至る時期に神聖天皇崇敬が一段と強化され、国民生活に植え付けられていきました。この章の一、二では大衆の動き、三、四では知識人の動きを見てきましたが、ここで大衆宗教運動の動向に目を移しましょう。急速に国家神道の方へ転換していき、その後、大きな社会的影響を及ぼすに至る宗教集団の動向が重要です。

とくに注目すべき存在は、田中智学《たなかちがく》（一八六一〜一九三九年）と出口王仁三郎《でぐちおにさぶろう》（一八七一〜一九四八年）です。この二人は独自の宗教思想や救済観をもった宗教集団のリーダーでしたが、この時期に皇道論の方向に近づくべく大きく舵を切っていきます。もちろん一定の距離感は保っているのですが、皇道論と重なり合う部分を強化していく。この動きによって、彼らが担っていた宗教運動はさらに勢いを得ていきます。そして多くの大衆だけではなく一部の知識人も巻き込んで、人々を神聖天皇崇敬の方向へ導いていきました。

田中智学は日蓮《にちれん》主義の法華《ほっけ》信仰団体国柱会《こくちゅうかい》の創始者です。もとは日蓮宗の僧侶でしたが還俗し、一八八〇（明治一三）年に宗門《しゅうもん》改革を目指して蓮華《れんげ》会を設立しました。その後、彼が導く集団は、一八八四年に立正安国会《りっしょうあんこくかい》、一九一四年に国柱会となります。智学は当初、神聖天皇や国家神道から距離をとっていました。一九〇一（明治三四）年に書いた『宗門の維新』は日蓮宗を改革して仏教界を革新し、日本を発展させる。世界中に日蓮宗を広めていくという構想を語っており、そこに天皇は出てきません。もっぱら日蓮仏教による世界制覇を説いていたのです。

しかし、一九〇三年一一月に「皇宗の建国と本化の大教」という講演をします。『日本書紀』に出てくる儒教的な用語を用い、「国体」を打ち出します（大谷栄一『近代日本の日蓮主義運動』、西山茂『近現代日本の法華運動』）。当初は「万世一系の天皇が神聖である」という伝統的な国体論とは少し距離がありましたが、次第に神権的国体論と区別がつかないものになっていきます。神武天皇紀の語（八紘為宇《はっこういう》）を用いて「八紘一宇《いちう》（世界は一軒の家）」という理念を打ち出すのは一九一三年のことです。この語は植民地主義に乗り出していく日本の攻撃的軍国主義を後押ししました。一九三一（昭和六）年に満州鉄道爆破の謀略事件（柳条湖事件《りゅうじょうこ》）をきっかけに満州事変を起こし、満州国建設を指揮した関東軍参謀の石原莞爾《いしはらかんじ》は、大正時代から国柱会の熱心な会員でした。詩人で童話作家として知られる宮沢賢治《みやざわけんじ》も、ある時期、国柱会のたいへん熱心な会員でしたが、彼は国柱会の政治的な側面に関わることはありませんでした。

田中智学（1861〜1939年）　日蓮主義の在家教団、国柱会を創立し、国家主義運動に影響を与えた。

他方、一九三二年の血盟団事件を起こす井上日召《いのうえにっしょう》（一八八六〜一九六七年）は田中智学の日蓮主義の影響を受けていましたし、一九三六年に北一輝の協力者として二・二六事件を起こす西田税《にしだみつぎ》は若い頃、日蓮主義と大本教《おおもときょう》（正式な呼称は「大本」「皇道大本」）の双方に惹かれていました（拙稿「国家神道とメシアニズム」）。二・二六事件を起こした皇道派の陸軍若手将校や同世代の軍人達が軍部独裁の方向をつくっていきますが、彼らが掲げた「昭和維新」は実は、出口王仁三郎が唱えた「大正維新」の影響を受けていました。

出口王仁三郎と大本教

出口王仁三郎は京都府亀岡市（穴太《あなお》）の農家の生まれで、本名は上田喜三郎《うえだきさぶろう》です。満二九歳の一九〇〇（明治三三）年に綾部の出口なお（一八三七〜一九一八年）と出会い、なおの信仰集団に加わり、やがてなおの娘のすみと結婚し、出口王仁三郎と名のりました。なおと王仁三郎は共に大本教を開きますが、なおには天皇崇敬はほぼありません。神がかりして「艮《うしとら》の金神《こんじん》」を感得した彼女が理解する日本の神話は天照大神以前の神々に権威を与えようとするものです。どちらかというと出雲系、国津神系統の神の系譜を引く宗教でした。そして、明治時代末の段階では京都府の綾部《あやべ》を中心とした小さな地域的な団体に留まっていました。

出口王仁三郎（1871〜1948年）　本名は喜三郎。大本開祖の出口なおの娘と結婚し、教団を急成長させた。

王仁三郎は出口なおの周りの信徒たちのやり方では発展性がないと考え、一九〇六（明治三九）年に京都皇典講究所分所に入ります（現在の学校法人 京都皇典講究所 京都國學院）。第2章で述べましたように、皇典講究所は一八八二（明治一五）年にできた神職養成所で、その上位機関が國學院です。皇學館と並ぶ国家神道の教育機関ですが、八五年、京都に分所ができました。ここで王仁三郎は皇道論をしっかり身につけ、織田信長を祀る建勲神社の神職も経験してきます。その後、大本教は大正初期に急速に発展して、一九一二年には「皇道大本信条」を明らかにし一九一六（大正五）年には教団名を大日本修斎会から皇道大本に改めました。そして一九二一年に最初の弾圧を受けながらも、さらに大成長を遂げ一九三〇年代には大教団に発展します。王仁三郎は出口なおに由来する世直し論と皇道論の二刀流をこなす巧みなリーダーでした（安丸良夫『出口王仁三郎の思想』）。

王仁三郎は一九一七年に「大正維新について」を発表します。神聖な天皇のもとでの世直しを説くもので、大本を天皇崇敬にぐっと引き寄せました。にもかかわらず、一九二一年、弾圧されます。これが第一次大本事件です。しかし、それもうまくすり抜けるようにして勢力を回復し、二八年には弥勒《みろく》祭を行っています。救世主である世直しの弥勒仏の祭りです。王仁三郎は「自分こそ弥勒の化身だ」とほのめかすのですが、その一方で「天皇こそ救世主」といった話もしていました。

一九三一年には昭和青年会という一種の右派民間団体をつくりました。それが一九三四(昭和九)年に昭和神聖会となります。会員は八〇〇万人いたともいわれています。それで一九三五年に治安維持法によって王仁三郎ら一〇〇〇名近くが検挙され、本部施設が破壊されるなど、徹底的な弾圧を被りました。第二次大本事件です。二・二六事件と大本教事件はまったく違うけれども、どちらも天皇を掲げていながら実は反体制運動でもあったので、厳しく取り締まられました。

明治神宮建設と青年団・修養団運動

田中智学や出口王仁三郎の宗教運動と並行して、修養運動も展開します。明治神宮建設に貢献した青年団運動はその一つです。明治神宮建設のために日本各地から二八〇団体、一万五〇〇〇人の青年団員が動員され、奉仕活動をしました。青年団活動は広島県の小学校教師の山本滝之助《やまもとたきのすけ》（一八七三〜一九三一年）が一八九〇年に「好友会」という青年会を結成して村で青年団運動を始め、青年団体機関誌を発行して全国に広めました。明治神宮の建設に際して、山本滝之助に共感した内務省明治神宮造営局総務課長の田澤義鋪《たざわよしはる》（一八八五〜一九四四年）が運動を担います。

同じ時期に蓮沼門三《はすぬまもんぞう》（一八八二〜一九八〇年）の修養団も急成長を遂げました。東京府師範学校の学生時代の一九〇六（明治三九）年の二月一一日に修養団を立ち上げ、しばらく教員を務めた後、一九一〇年から修養団の活動に専念するようになりました。「瞑想する」、「偉人崇拝の精神を涵養する」、「流汗。汗を流し、努力して理想の寄宿舎を建設する」の「三大主義」を掲げ、共同生活、合宿生活をしながら青年の修養を行うものです。

修養団の設立趣意書には、「本日、天晴れて気澄みて、神武天皇大業成就のめでたき日、誓願を仰いで集う数百の同志が、邦家の前途を思い、殉国の覚悟を胸に秘めて、いま修養団の創立を見ることのでき得ましたことは、共にともに慶賀にたえないことであります」とあります。このように政治運動ではありませんが、神聖天皇崇敬が土台にあり、伊勢神宮参拝と五十鈴川での禊の修行が重要な実践活動に含まれています。第二代の会長は一九一〇年に大逆事件をリードした司法省官僚で、後に首相となる平沼騏一郎でした。平沼は「皇室中心主義者」として知られ、治安維持法の成立や一九二八年の治安維持法改正にも貢献しており、修養団に深く関わったのも労働者らの「思想善導」を重視したからだとされています（萩原淳『平沼騏一郎と近代日本』）。

国家総力戦体制への道

青年団や修養団のような団体が天皇崇敬を強くふりかざした右翼団体だったわけではありませんが、昭和の戦時下の国家総動員体制、国民精神総動員運動の推進基盤となる団体だったといえます。そのような民衆の運動が明治神宮創建の頃に一段と強まりました。青年団の育成は明治神宮創建以前から政府が企図したものでもありました。文科省ホームページに青年団の始まりが次のように描かれています。

青年の団体に対して、文部省がこれを教育の一つの領域として考え、その活動に方策を指示する方針をとったのは明治三十八年十二月であって、普通学務局長の名をもって、地方長官に対し地方青年団体の誘掖《ゆうえき》指導ならびにその設置奨励についての通牒《つうちょう》を発したのが最初である。これを契機に青年団体は著しい発達をみせ、四十三年四月二十六日には名古屋市において全国青年大会が開催され、各府県から約一、九〇〇人の青年が参集し、青年団体拡充の方策を議し、青年団規十二則や実行すべき要目十三条を協議した。この大会の開催は、全国の青年団体を統轄して強力な活動を展開しうる組織とする機運を作ったのである。そこで文部省はこれに対しさらに積極的な方策を示す必要があるとして、大正四年九月十五日内務省・文部省訓令が発せられたのである。それは当時における青年団体がどのようなものであったかをよく示している。

昭和初期から日中戦争・アジア太平洋戦争へと進み、その間に神聖天皇の下で全国民が一体になって世界の解放のために戦うという体制になりました。これはファシズムではないという人もいます。確かに、ナチスのような特定のリーダーと集団が権力を握って、大衆を熱狂させ独裁的権力をほしいままにしたのではありません。誰が独裁をしたのかもよくわからない形で、せいぜい軍部が勝手にやったというような責任不明確体制でした。では、そのような形でこの国が一丸となる体制がどのようにできてきたのか。政府が教育や治安や戦争でそういう方向に誘導し、人々がそれに乗せられて天皇賛美・自己犠牲を讃えるようになり、メディアがそれに応じ増幅する。このような悪しきサイクルがフル回転するようになりました。

第6章

天皇崇敬による全体主義的動員への道程

一 大正デモクラシーから治安維持法の制定へ

神聖天皇崇敬の「教」の浸透過程

明治維新以来の近代日本は、国家理念の中核に神聖天皇を置きました。第2章で述べましたように、それをわかりやすく表す言葉は「祭政一致」でしたが、「祭政教一致」という理念も説かれました。この「教」とは何か。維新後の早い時期には「皇道興隆の御下問」「大教宣布《たいきょうせんぷ》の詔《みことのり》」といった文書も示され「皇道」「大教」、さらには「三条の教則」なども示されました。「教」の具体化を図っていたことがわかりますが、実質的に国民に浸透するような形には整っていませんでした。

軍隊において、神聖天皇への忠節を天皇自身の神聖な言葉によって示したのが「軍人《ぐんじん》勅諭《ちょくゆ》」で一八八二年のことです。ただ、これは軍隊に限定されたものです。続いて、一八九〇年に「教育勅語《きょういくちょくご》」が下され、「祭政教一致」の「教」が具体化されました。これが、すべての国民が従うべき「道」を指し示した「教」の基盤になります。神聖天皇崇敬にそった国民の生き方を指し示した文書が「教育勅語」（第2章七二ページ参照）です。勅語とは「神聖な天皇のお言葉」です。この「教育勅語」は「御真影《ごしんえい》」とともに学校儀式の重要な要素となり、天皇を礼拝することがすべての児童に義務付けられました。そして、「修身」の科目は「教育勅語」にそった「国民の生き方の教え」を説く科目となります。

イギリスやドイツにならった立憲君主制という近代の国家理念もあって、国家運営はエリート官僚によって立憲主義の理念によって行われ、一般人に対しては天皇崇敬に基づく秩序こそが正しい教えだとする体制でした。文部省・内務省・司法省と軍隊は、国民に天皇崇敬の「教」を叩き込みます。対外膨張政策はそのよい機会となります。そして、祝祭日・学校・神社・慈恵・治安・軍隊・戦争・新聞などが「教」を人々の心にしみこませる効果的なルートでありツールともなったのです。

政治史的には神聖天皇と立憲主義の拮抗関係の中で、結果として立憲主義が駆逐されて神聖天皇への崇敬が柱となる体制になっていきます。このような変化は明治維新以後、徐々に進められていきました。そして、第3章、第4章、第5章で述べてきたように、日露戦争から明治天皇の崩御、乃木希典《のぎまれすけ》の殉死あたりの時期に全国民を巻き込む国家理念へと転換していきました。

大逆事件から再び社会主義を恐れる時代へ

大正から昭和にかけては、世界的には君主制から民主主義への移行や、民族自決が進み、社会主義や世界平和という理念も重要になってくる動きがありました。ところが日本では「大正デモクラシー」とよばれる潮流はありながらも、他方、対外的には帝国主義的拡大路線を続け、対内的には民衆を天皇崇敬を基軸とする権威主義的秩序の方へと導いていく動きが進んでいきました。

その予兆になったのが一九一〇（明治四三）年の幸徳秋水《こうとくしゅうすい》らの大逆事件《たいぎゃくじけん》でした。大逆罪の数少ない適用例ですが、過酷な法適用で秋水ら、容疑のあやしい被疑者たちを国体否定の重大犯罪者として直ちに処刑してしまいました。第5章で述べたように、これは思想統制として強力に作用しました。神聖天皇への崇敬を受け入れない思想の表明は断固として取り締まる、という国家の姿勢が示されたわけです。大逆事件以後一〇年ぐらいは社会主義の冬の時代と言われます。大正デモクラシーといわれ、民本主義の時代でもありましたが、その動きは天皇崇敬という大きな枠をはめられました。この間に教育勅語にそって、神聖天皇の教育を受けた国民多数が大人になってきています。

一九一七年にロシア革命が起こって共産主義の希望が世界に広がり、一九一八（大正七）

年には米騒動が全国的に起きます。しかし、その一方で、明治神宮の創建に全国各地で積極的な協力活動が起き、青年団や修養団や在郷軍人会、そして地域の自治組織などを通して、天皇崇敬に呼応するような下からの集団形成が進んでいきます。一九二三年の関東大震災では、多くの朝鮮人を襲い虐殺するような動きが起こりました。とはいえ、この時期の新宗教の多くは、まだ天皇崇敬に強く引き寄せられてはいませんでした。大正から昭和初期（一九一〇年代、二〇年代）は、まだ天皇崇敬が全体主義化するまでには至っていませんでした。

社会主義の急速な興隆と治安維持法

しかし、体制の安定感は次第に失われていきます。一九一八年には東京帝国大学に学生組織、新人会ができますが、二〇年代に入ると次第に共産主義に傾いていきます。また、一九年には婦人運動の組織、新婦人協会が生まれ、二〇年には労働者の組織である友愛会が大日本労働総同盟友愛会と名を変えます。これらは社会主義、共産主義の復権・浸透の動きです。この年、最初のメーデーが行われ、労働組合の組織化が進み、労働争議も急速に増大します。他方、地主と小作の対立が深まり、小作争議が続発し、一九二二年には日本農民組合が結成されます。普通選挙を求める声は高まり、一九二〇年には憲政会が普通選挙を党是に掲げるに至ります。

一方、朝鮮半島では一九一九年に三・一独立運動が起こりました。三月一日、京城（ソウル）の公園に学生ら数千人が集まって「我が朝鮮が独立国であり朝鮮人が自由民であることを宣言する」という独立宣言を読み上げたのです。それを朝鮮総督府は軍隊を出動させて弾圧しましたが、独立運動は半島全土に拡がって騒乱が発生し、五月に収束するまでに死者数千人、逮捕者五万人にのぼったといわれます。また、中国では五四運動が起こります。日本の山東省の権益を認めたヴェルサイユ条約に対する反対などを唱え、反帝国主義・抗日運動という性格を強く帯びた運動です。

このように既存の支配体制を脅かす動きが高まるのを受けて、一九二五（大正一四）年には男子の普通選挙を法で認めるとともに、治安維持法が制定されます。その第一条に「国体ヲ変革シ又ハ私有財産制度ヲ否認スルコトヲ目的トシテ結社ヲ組織シ又ハ情ヲ知リテ之ニ加入シタル者ハ十年以下ノ懲役又ハ禁錮ニ処《しょ》ス」とあり、かなり厳しい量刑になっています。しかも、計画しただけで実行していなくても検挙できる規定でした。

また、「私有財産制度ヲ否認スルコト」は社会主義・共産主義運動を取り締まることを意図したものですが、「国体ヲ変革シ」という文言で治安と天皇崇敬の結びつきが強化されました。この治安維持法の制定に深く関わった司法省の高級官僚に平沼騏一郎《ひらぬまきいちろう》がいます。

平沼は大逆事件においても、第一次大本事件においても重要な役割を果たした人物です。「危険思想の取り締まり」について、平沼はそれを自らの使命と受け止めていたようです。治安維持法は国体の神聖性を、すなわち神聖天皇の信仰を国民に強いる強力な方策となりました。

治安維持法による思想統制と天皇崇敬の鼓吹

一九一〇年の大逆事件に続いて、一九二五年の治安維持法によって、社会主義は神聖天皇を否定する危険思想ということになり、反体制的な活動、言論、思想の取り締まりが強力に進められます。そして、二八年の「緊急勅令」による改正によって、国体変革に対する厳罰化、また協力者と見なされた者への処罰へも広げられ、過酷な思想犯取締法となり、知識人の大量「転向」を導き出す結果を招きます。『蟹工船』を書いた作家、小林多喜二《こばやしたきじ》が拘束され、獄中で死

治安維持法による検挙　治安維持法は1925年に公布され、1930年代になると、特高（特別高等警察）による思想犯の取り締まり強化により、学校の教師など数十万人が逮捕され、作家の小林多喜二のように刑務所や拘置所で獄死した者は約400名に達したという。写真は入廷する3・15事件の共産党被告。（写真©朝日新聞社／時事通信フォト）

亡したのが一九三三年です。治安維持法の下での思想犯の取り締まりが私的制裁に近い形で特高警察などの取り調べとして行われました。拷問です。社会運動を取り締まる特別高等警察（特高）の活動が拡大すると、出獄しても監視が続くようになります。転向を強いる一方で、懐柔して体制に引き込んでいきます。

軍隊における教育でも、一九二〇年代に入ってますます「国体」が強調されていきます。第3章でもふれましたが、「軍隊内務書」は、軍紀の維持のための教育方針を記したもので、兵士らの服する集団秩序の最小単位である内務班の規範とされるものです。一九〇八年の「軍隊内務書」では家族主義的な上下関係が強調され、精神主義的な傾向が目立つようになっていました。二一年のそれになると、さらに「国体」が強調されるようになります。

我国体の万国に冠絶せる所以と国軍建設の本旨とを銘肝し、且兵役の国家に対する崇高なる責務及名誉たることを自覚せしめ、苟も思索の選を誤るが如きことなからしむ可し。

神聖天皇を強調することで、軍隊の統率をさらに強化しようとしたのです（戸部良一『逆説の軍隊』)。

二　天皇のために死ぬことが賛美される体制へ

軍国美談と死の美化・捕虜の否定

日本の軍隊で起こったことについて、吉田裕『日本軍兵士』という本を参照しましょう。軍国美談では、「我が身を投げ出して、国のため、天皇のためにいのちを捧げる」ことが軍人・兵士のあるべき姿として理想化されました。それを遡れば乃木の殉死に大きな源泉があり、「軍神」という用語がそのような意味で使われるようになります(山室建徳《やまむろけんとく》『軍神』)。さらにその前提には楠木正成の理想化がありました。それがふつうの日本軍兵士の事柄として取り上げられるのは、一九三二(昭和七)年の上海事変でした。そこで、「爆弾三勇士」が軍国美談と死の美化の歴史を更新する大きな出来事となります。

肉弾三勇士の絵　1932（昭和7）年の上海事変のとき、敵陣の鉄条網を破るために3人の工兵が破壊筒を持って突っ込み、全員が戦死。それが英雄的な行為として讃えられ、映画や演劇にもなって宣伝された。（写真Ⓒ朝日新聞社／時事通信フォト）

上海事変とは満州事変の数カ月後に、中国の上海共同租界周辺で起きた、中華民国軍と日本軍の軍事衝突事件です。短い期間で終わりましたが、最初は租界に進駐していた少数の日本軍が中国兵に脅かされる事態になります。そこで援軍を呼びますが、その間に苦戦の中で英雄的な戦いをしたと讃えられる人たちがいました。廟巷鎮の戦闘で、鉄条網の高いフェンスを突破するために工兵が破壊筒を持っていって爆破させる作戦です。その破壊筒は四メートルの筒に爆薬を込めたもので、三人で運んで、うまく爆破させるしかけをして急いで帰ってくる。混成第二十四旅団所属工兵第十八大隊（久留米）の江下武二・北川丞《すすむ》・作江伊之助の三人の工兵がそれを行おうとしたのですが、一人が敵弾を受けて転んだために遅れてしまい、持ったまま破裂して三人とも死にました。鉄条網の爆破に成功したのかどうかはよくわからないのですが、三人が爆弾を持って死んだということが「爆弾三勇士」という軍国美談になりました（上野英信『天皇陛下万歳』）。

爆弾三勇士の美談が宣伝され愛好される過程

新聞は連日それを報道し、各社が映画を製作しました。一カ月半で五本の映画がつくられたといいます。明治座とか新国劇で有名な歌舞伎の役者がそれを演じます。それでますますマスコミが報じます。

これ以前に日露戦争のとき、海軍の広瀬武夫大尉がいて、続いて陸軍の橘周太中佐、その後に乃木希典が軍神と

広瀬武夫（1868～1904年）　海軍軍人。日露戦争時の旅順港閉塞作戦で戦死。没後軍神として讃えられる。

橘周太（1865〜1904年）　陸軍軍人。日露戦争時の遼陽の戦いで戦死し、軍神として讃えられた。

して祀られましたが、昭和の満州事変以後の最初の軍神となります。戦争と対外緊張は神聖天皇崇敬の鼓吹に好都合です。満州事変以後の大陸での対立状況は、国民に天皇崇敬を植え付けていくのに大いに貢献しましたが、その中でも一九三二年の上海事変とそこでの爆弾三勇士の軍神化は目立った出来事でした。

四月にはポリドールからレコードも出ました。今は一番からすべてネットで見ることができます。一部をあげれば、こんな歌詞です。

四、我等が上に戴くは／天皇陛下の大御《おおみ》稜威《いつ》
　　後に負うは国民の／意志に代われる重き任
九、ああ江南の梅ならで／裂けて散る身を花と成し

仁義の軍に捧げたる／国の精華の三勇士

十、忠魂清き香を伝え／長く天下を励ましむ

壮烈無比の三勇士／光る名誉の三勇士

こんな具合にいのちを投げ出して死んだ兵士を賛美します。これをマスコミが報じて国民が熱狂的に受け止める。これがやがて捕虜になってはならないという選択を陸軍がしてしまう一つの導火線になりました。

戦死せず捕虜になることへの忌避

後のアジア太平洋戦争期の日本の軍人・兵士の行動パターンに関わって、実は、上海事変の際、爆弾三勇士と並んで重要な出来事が起こっています。大隊長の空閑昇《くがのぼる》少佐という軍人がかなり無理な作戦で負傷したために前線に取り残されてしまったのです（秦郁彦『日本人捕虜』）。部下は逃げて帰り、彼は捕虜になりました。その後、中国側との捕虜交換で彼は帰還してきます。これが軍隊からみると、指揮官が生きて帰ってくるというのはまずいということになります。生き残りを恥とする声が重い圧力となり、先に逃げた大尉がまず

自殺未遂をしました。この空閑少佐は、「武士道と云ふは死ぬ事と見つけたり」という言葉で有名な『葉隠』を生んだ佐賀藩の武家の名家の出でした。それもあり、妻がいじめられたこともあって、ピストルで自決しました。すると、これがまた美談化されます。

悲壮——武人の最後、空閑昇少佐自殺す／重傷の身の捕はれに深き責任感／林連隊長の命日を選んで（東京日日新聞　四月二日号外）。

形は異れ精神は戦死と同様……日本軍が強いのは実にこうした心持が全軍にみなぎっているからで……戦死同様に扱いたいと思っている。（荒木陸相談、朝日新聞　四月二日）

この談話の主の荒木貞夫《あらきさだお》陸相は皇道派の代表的な軍部指導者です。その後、ソ連軍の戦車に対して兵士に肉弾攻撃を命じたノモンハン事件（一九三九年）の時に、陸軍は「上官が捕虜になった場合には生きて帰れない」という掟をつくっていきます。そして、一九四一（昭和一六）年一月八日に陸軍大臣東條英機によって示達された、「生きて虜囚《りよしゆう》の辱《はずかし》めを受けず」という『戦陣訓』になります。一般兵士にまで捕虜になることを禁じたのです。

さらにはサイパンや沖縄のように住民にまで死を強いる（「自決」を求める）ことになっていきます。神聖天皇のために死ぬことこそが気高い生き方だ、そういう精神こそが日本の軍隊の強さの源だという信念を押し付けていったのです。人のいのちをひどく軽く扱う軍隊になっていきます。多くの兵士が飢餓で死んでいったのもこのためです。これは当然、敵国の人々のいのちが軽く扱われることにも通じているはずですが、「敵」のいのちがどれほど軽くなっていったかについては、日本人にはまだまだよく見えていません。

「特攻」や「玉砕」への道

ちなみに、先の爆弾三勇士が持っていった破壊筒はその後使われなくなりましたが、こうした戦闘行為がのちに特攻作戦のモデルになります。対米戦争の戦局が悪化するにしたがって、魚雷や飛行機に決死の兵士を乗せ、敵の艦船に体当たりをさせる作戦が計画され、一九四四年一〇月から正規の作戦として実行に移されるようになります。海軍の航空機による体当たり攻撃は「神風特別攻撃隊《しんぷうとくべつこうげきたい》」とよばれ、大きな成果を生んだと喧伝され、陸海軍ともに多用していくことになりました（栗原俊雄『特攻』）。

また、戦車に対して決死の「肉攻」を行う事例は、早くも一九四三年一月から二月にかけてのガダルカナル島の戦闘で行われました。爆弾を持った兵士が戦車に体当たりをするもので、歩兵による特攻とも言えます。また、部隊が降伏せずに全滅することを促し、全滅すると「玉砕」と呼ばれました。「玉砕」とは、「玉が美しく砕けるように、名誉や忠義

アッツ島守備隊の合同慰霊祭　1943年5月、進攻した米軍と戦ってほぼ全滅（戦死2638名、生存した捕虜29名）。大本営はそれを「玉砕」として公表した。同年9月29日、札幌市で合同慰霊祭が行われた。（写真©ジャパンアーカイブス）

を重んじて、いさぎよく死ぬこと」（『広辞苑』）を意味します。実際には降伏することを許さず、「天皇陛下万歳」などと叫んでいのちを無にすることを美化したものです。

アリューシャン列島のアッツ島守備隊（一九四三年五月）が「玉砕」として賞賛されてから、頻用されるようになりますが、実際は玉砕といっても部隊の戦死者の多くは餓死や病死であることが少なくなかったのです。負けたら誰も生きては帰れない。捕虜や敗残者はゼロというのが理想化されます。降伏をゆるさないため、アジア太平洋戦争で捕虜になった兵士の割合は、日本は非常に少なかったのです。アメリカやイギリス、ドイツなどと比べて一〇分の一以下とされています。

三　信教の自由・思想信条の自由の否定

上智大学事件とキリスト教の立場

上海事変が起こった一九三二（昭和七）年は、国家神道の国民への強制という点でも注目すべき事件が起こりました。上智大学が靖国神社への崇敬に積極的でないとして、国家神道への積極的な関与を求められる事件で上智大学事件とよばれています（西山俊彦『カトリック教会の戦争責任』、鈴木範久『信教自由の事件史』）。上智大学はキリスト教カトリックの大学です。その事件は一九三二年四月二六日、二七日の靖国神社臨時大祭がきっかけになりました。臨時大祭は戦死者が靖国神社の祭神として祀られる厳粛な儀礼の機会で、四月二六日には天皇の「親拝《しんぱい》」も行われました。

これを受けて、上智大学の軍事教練の担当者である北原一視《きたはらひとし》大佐が五月五日、戦後の大学の教養課程にあたる予科二年の学生たちを引率して靖国神社を訪問しました。学長が行かないように勧めたので、行かなかった学生もいたのですが、その示唆が及ばず大佐について行ってしまった学生の中に礼拝しない者がいました。当時、カトリックでは神社に礼拝することは信仰に背く行為と信じられていたのです。

軍事教練というのは、陸軍現役将校学校配属令（一九二五年告示）という勅令によって、大学を除く中学校以上の学校に現役将校を配属させて武器の使い方などを教え、演習も行ったものです。大学予科では必修です。私学は学校の判断に委ねられましたが、「軍事教練」を履修した学生には二年間の兵役義務が一年に短縮され、幹部候補生試験の受験資格が与えられました。もし、軍事教練をしないと、その優遇条件がなくなるので、大学も受け入れました。

天皇崇敬を強要する軍部と上智大学の屈服

軍事教練は体操の授業の中で行われるので文部省の管轄でしたが、配属将校の人事は陸軍省に委ねられました。それには軍の側の事情もあります。一般の召集兵は除隊すると元の職業に戻りますが、将校クラスの職業軍人は三五歳を過ぎた頃から部隊での居場所が少なくなります。余った軍人の受け皿になったのが現役将校学校配属制度でした。それによって上智大学予科に派遣されたのが北原一視大佐でした。

北原大佐は学生たちが靖国神社に行かないこと、行っても参拝しないことを直ちに陸軍省に報告しました。六月、学長は文部省から「陸軍省が配属将校の引き揚げを図っている」との通知に接します。これが継続するとすれば、入学者の激減につながり、大学の存続に関わる事態でした。学長はカトリックの東京大司教と相談し、さらにローマ教皇庁にも対処の仕方を尋ねました。その結果、靖国に礼拝をしても良いという教皇の許可が出ました。信仰生活の規範が政治的圧力によって大きく変更されたことになります。これについては、現在のカトリック教会でもそれが信仰を曲げてしまう対応でなかったかどうかが問われています。

九月になって、上智大学と大司教は文部省に対して、神社参拝での「敬礼」は「愛国的意義を有するものにして毫も宗教的意義」のないことの言明を求めました。信教の自由を認めた憲法にそって、信仰を曲げることではないという立場を守ろうとしたわけです。文部省は「敬礼ハ愛国心ト忠誠トヲ現ハスモノニ外ナラス」と回答し、靖国神社に参拝しても信仰とは関係ないという見解を示しました。ところが、『報知新聞』が一〇月一日に「靖国神社礼拝を学生が拒否」と報じ、『読売新聞』『東京朝日新聞』『東京日日新聞』も取り上げました。問題はその後、一年にわたって続きます。というのは、文部省の見解に従って上智大は「敬礼」を容認しましたが、陸軍省は配属将校の任命を拒否したのです。

天皇崇敬が信教の自由の上位の規範

上智大学は文部省に、「皇祖皇宗《こうそこうそう》（歴代天皇）ヲ始メ代々ノ皇陵及忠孝仁義ノ士ヲ祭リタル処ニ参拝スルハ、国民ノ公的生活ニ於ケル皇道ノ表現タル所以ニシテ国民ノ私的生活ニ於ケル宗教的信仰トハ全然別個ノ立場」だから、カトリックとしてもこれを奨励する所存であるとの見解を伝えました。ようやく新たな配属将校が派遣されたのは翌年一二月のことで、国家的・国民的教育を推進すること、丹羽孝三幹事の解雇などの条件つきでした。

教皇庁布教聖省「指針」「祖国に対する信者のつとめ」には、神社の儀式への参加することは「愛国心のしるし」「皇室や国の恩人たちに対する尊敬のしるし」として次のように記されています。

日本帝国の教区長は次のことを信者に教えなければならない。政府によって国家神道の神社として管理されている神社において執り行われる儀式は（政府が幾度にもわたって宣言したところに基づき、また）、国家当局の見解も文化人の共通の考えも、単なる愛国心のしるし、すなわち皇室や国の恩人たちに対する尊敬のしるしと見なしている。したがって、これら儀礼が単なる社会的意味しかもたなくなったので、カトリック信者が他の国民同様にこれに参加し、他の国民同様に振る舞うことが許されている。ただし、自分の振る舞いに対する間違った解釈を取り除く必要があると見られる場合には、その意向を明らかにすべきである（『カトリック教会の戦争責任』六三〜六四ページ）。

この上智大学事件のほか、同時期に美濃ミッションというプロテスタント教会で子どもたちが神社参拝を拒否したことから起こった美濃ミッション事件（一九二九〜一九三三年）、奄美カトリック迫害事件（一九三三〜一九三七年）などが起こりました。それらは国家ではなく地域の住民や学校が中心になってキリスト教会を弾圧した事件でした。これらにより、神聖天皇への崇敬が「信教の自由」「思想・良心の自由」の上位にあることが明確になりました。

四　天皇機関説事件と国体明徴運動

民間右翼が引き起こした瀧川事件

神聖天皇崇敬を国民に強制していく力は、警察・治安当局や軍部が主要な担い手だったというわけでもありません。教育勅語に導かれた学校が、重要な役割を果たしたことは言うまでもありません。これは国や地域の官僚と政治家・有力者が主導しています。

しかし、一九三〇年代も半ばになると、官僚や軍部、あるいは政治家だけでなく、むしろ神聖天皇崇敬を人々に求める民間の勢力が大きな役割を果たすようになってきます。日露戦争後の状況でもあったことで、その後もときどき生じたことですが、三五（昭和一〇）年の天皇機関説事件では、民間の勢力と民衆が天皇崇敬を高く掲げ、メディアがそれに呼応し、政治家がそれに従うといった構図が生じることになります（山崎雅弘『「天皇機関説」事件』）。

まず、天皇崇拝の皇道を掲げる右翼思想家が学者の著述や活動に国体変革、社会主義に共鳴するようなものを見出すと、右翼団体の雑誌などで叩きます。それを国会議員などが取り上げて攻撃する。それがマスコミネタになって大きく報道され、民衆が憤慨して同調する。扇動家とメディアと国民が一体となって、天皇を信仰しないような言論を、反国家的な行為として攻撃する。「国体ヲ変革《へんかく》シ」という文言がある治安維持法が、その運動を側面から促しました。

一九三三（昭和八）年には雑誌『原理日本』を主宰する反共・右翼思想家の蓑田《みのだ》胸喜《むねき》らから「赤化《せっか》教授」だと批難された瀧川幸辰《たきがわゆきとき》京大法学部教の著書『刑法講義』『刑法読本』が内務省によって発売禁止処分を受け、それに抗議した法学部教官二十余名が免官・辞職に追い込まれる瀧川事件が起きました。

蓑田胸喜（1894〜1946年） 反共・国粋主義の原理日本社を主宰。瀧川幸辰らの憲法学者を批判した。

天皇機関説事件と攻撃者たち

続いて、一九三五（昭和一〇）年には憲法学者で東京帝国大学名誉教授で貴族院議員だった美濃部《みのべ》達吉《たつきち》（一八七三〜

一九四八年）の天皇機関説が不敬だとして糾弾され、美濃部は議員の辞職に追い込まれます。これが天皇機関説事件です。美濃部は東大法学部教授として『憲法講話』（一九一二年）、『憲法撮要』（一九二三年）など多くの著述があり、帝国憲法に「天皇ハ国ノ元首ニシテ統治権ヲ総攬シ此ノ憲法ノ条規ニ依リ之ヲ行フ」（第四条）と規定された天皇は法的には一つの法人と考えられる国家の機関であるとする学説を立てました。その学説は広く受け入れられて憲法学の主流となり、昭和天皇も支持していたのですが、三五年二月一八日、元陸軍中将で貴族院議員の菊池《きくち》武夫《たけお》が議会で次のような質問をしました。

我が皇国の憲法を解釈いたします著作の中で、金甌無欠なる皇国の国体を破壊するようなものがございます。（中略）これが、学徒の師表となり、社会の木鐸をもって任ずべき帝国大学の教授、学者というような方の著述であるということに、私は痛恨に堪えないのであります。これらの著作があることを、政府はお認めになっているのかどうか、また、お認めになっているならば、この著作を挙げて、この著作者と共にいかなる処置をこの後においてお執りになるつもりなのかを、うかがいます。

この質問は、東大文学部の宗教学科を卒業し、大学の非常勤教員を務めながら文筆活動を行っていた蓑田胸喜が準備したものです。これをきっかけに美濃部は謀叛人であるとか学匪《がくひ》（学界の賊）であるとかと攻撃されるようになり、三月一八日には貴族院で次の建議案が議決されました。

現下の政教が、肇国《ちょうこく》の大義に副わないものであるため、政府は国体の本義を明徴《めいちょう》にして、我が国古来の精神に基づき、時弊を改め、庶政を更張されることを望む。

国体明徴声明とその思想的源泉

ここにいう「肇国の大義」や「国体の本義」は、明治六年の大教宣布の詔では「大教」と呼ばれました。それらこそあるべき治教であり皇道なのですが、学者らによって「現下の政教」が歪められているというのです。結局、時の若槻礼次郎《わかつきれいじろう》内閣は美濃部の著書を発禁処分にするとともに、八月三日に次の「国体明徴に関する政府声明」を出しました。

恭しく惟みるに、我が国体《こくたい》は天孫降臨《てんそんこうりん》の際下し賜へる御神勅に依り昭示せらるる所にして、万世一系の天皇国を統治し給ひ、宝祚（皇位）の隆は天地と与に窮なし。されば憲法発布の御上諭に『国家統治ノ大権ハ朕カ之ヲ祖宗（皇祖と歴代天皇）ニ承ケテ之ヲ子孫ニ伝フル所ナリ』と宣ひ、憲法第一条には『大日本帝国ハ万世一系ノ天皇之ヲ統治ス』と明示し給ふ。即ち大日本帝国統治の大権は厳として天皇に存すること明かなり。若し夫れ統治権が天皇に存せずして天皇は之を行使する為の機関なりと為すが如きは、是れ全く万邦無比なる我が国体の本義を愆るものなり。近時憲法学説を繞り国体の本義に関連して兎角の論議を見るに至れるは寔に遺憾に堪へず。政府は愈々国体の明徴に力を効し、其の精華を発揚せんことを期す。乃ち茲に意の在る所を述べて広く各方面の協力を希望す。

冒頭に「我が国体は天孫降臨の際下し賜へる御神勅に依り」というのは、いわゆる「天《てん》壌無窮《じょうむきゅう》の神勅」をさします。第1章でも述べたように、天照大神が孫の瓊瓊杵尊《ににぎのみこと》に地上を治めるように命じて高天原から降ろしたとき、「日本国は、我が子孫が王たるべき国である。さあ瓊瓊杵尊よ、行ってこの国を治めなさい。つつがなく治めなさい。天津日嗣《あまつひつぎ》(宝祚=皇位)は、天地と共に永遠に栄えることでしょう」と告げたと『日本書紀』にあるものです。

一部の国民が騒ぎ、新聞がそれを書き立てて世論を方向づけ、議会が盛り上げる。それに対して政府は乗り気でなくても、そうせざるを得ない。「国体明徴に関する政府声明」

は一度だけでなく、再度、九月一八日にほぼ同じ内容で出されています。それは政府による神聖天皇の、また皇道の教義宣言であり、一八七〇（明治三）年の大教宣布の詔（第二章五四ページ参照）の内容を改めて強調したものです。

「国体の本義」と「臣民の道」

天皇機関説事件後、文部省は黒板勝美《くろいたかつみ》・和辻哲郎《わつじてつろう》・宇井伯寿《ういはくじゅ》・久松潜一《ひさまつせんいち》ら、当時の代表的な哲学者や国史・国文学者を動員して『国体の本義』という文書をまとめ、一九三七（昭和一二）年に刊行しました。その第一章「大日本国体」は「大日本帝国は、万世一系の天皇、皇祖（天照大神）の神勅を奉じて永遠にこれを統治し給ふ」と国の始まりを古代の神話から語りおこし、「かくて天皇は、皇祖皇宗《こうそこうそう》（歴代天皇）の御心のまに〳〵我が国を統治し給ふ現御神《あきつみかみ》であらせられる」といいます。

現御神《あきつみかみ》（明神《あきつかみ》）或《あるい》は現人神《あらひとがみ》と申し奉るのは、所謂《いわゆる》（キリスト教の）絶対神とか、全知全能の神とかいふが如き意味の神とは異なり、皇祖皇宗がその神裔《しんえい》（神の子孫）であらせられる天皇に現れまし、天皇は皇祖皇宗と御一体であらせられ、永久に臣民・国土の生成発展の本源にましまし、限りなく尊く畏《かしこ》き御方であることを示すのである（第一章

「大日本国体」）。

この『国体の本義』が刊行されたのは日中戦争が始まった年です。その戦中の一九四〇年には初代神武天皇の即位を元年とする皇紀二千六百年の祝賀があり、翌年七月に文部省はさらに『臣民の道』を刊行しました。それは日常生活においても国家への奉仕を強調するだけでなく、新しい世界秩序と大東亜共栄圏の建設を日本帝国臣民の義務とするものでした。その年一二月に当時の呼称では「大東亜戦争」という太平洋戦争が始まります。その戦時下に『国体の本義』と『臣民の道』はまさに聖典的な文書になりました。

神聖天皇の「教え」を掲げる扇動者たち

一九三〇年代は日蓮宗の井上日召《いのうえにっしょう》らが政財界の要人を狙ったテロ事件の血盟団事件（一九三二年）、続いて犬養首相を殺害した五・一五事件（一九三二年）、さらには陸軍の永田鉄山軍務局長を殺害した相沢事件（一九三五年）、高橋是清《たかはしこれきよ》大蔵大臣、斎藤実《さいとうまこと》内大臣らが殺害された二・二六事件（一九三六年）のようなテロ事件やクーデター未遂事件が起こりました。神聖天皇を掲げて体制変革を目指す人々が決起し、彼らは挫折するのですが、その結果として神聖天皇の絶対化はさらに進むことになりました。そしてその一方で、天皇の神格化に抵抗しようとした大学教員や知識人は職を失ったり、沈黙を強いられたりすることになりました。

扇動家が天皇崇拝を振りかざし、メディアと国民がそれをもてはやして、政府も従わざるを得なくなる。治安維持法以後、それが日本の全体主義化のサイクルのようになり、悪い方へ悪い方へと向かっていったのです。そうした扇動家の代表的な一人が蓑田胸喜です。蓑田は一九二五年に歌人の三井甲之《みついこうし》らと原理日本社をつくって雑誌『原理日本』を創刊しました（竹内洋・佐藤卓己編『日本主義的教養の時代』）。その三井甲之は『原理日本』に『明治天皇御集《ぎょしゅう》』の拝誦宣言を書いています。

> われは信ず、全国民はいまひとしく『祖国日本』を礼拝し、『明治天皇御集』を拝誦しまつるべしと。これまことに、明治天皇の大きめぐみのもとに生けるわれら国民のかなしきねがひなりと、我らはここにこの信を告白宣言せむとするのである。（一九二三年一二月）

井上日召（1886〜1967年）　禅や日蓮主義に傾倒し、「一人一殺」主義を掲げる血盟団を結成し、テロ事件を起こした。

東京帝大の卒業生らが刊行する『原理日本』は、帝国大学を目の敵にしてその学者たちを追い出していきました。最初に攻撃されたのが京都大学法学部の瀧川幸辰です。前述したように一九三三年に瀧川を「赤化教授」と批難して瀧川事件を引き起こしました。そこで槍玉にあげられたのは、たとえば刑法について「犯罪者の社会的背景に目を向けるべき」という論です。そんな当然のことさえ社会主義だというのです。社会主義は国体を覆すことをめざすので、治安維持法にふれるとされました。「社会主義は即反天皇」となり、社会的な問題に注目すること自体が天皇に背くことだとなりました。

それに応じて取り締まる側の検察も警察も「神聖な天皇を脅かす者は許さない」と動く。こうして全体主義化が進みます。ある信念体系によって、それに従わないものを殺す、あるいは排除していく。そして、その大義のために死ぬことを人々に強いて、次々に「敵」を見出して、「敵」と戦うことを求めるようにもなります。

五　戦争末期の神聖天皇絶対化言説

杉本五郎陸軍中佐の『大義』

こうした全体主義的な体制は戦争末期になるとはなはだしいものになり、「天皇のためには国民がいのちを捧げるのが当然である」と思わされるような状況になってきます。その状況をよく示す例に、戦争末期に若者に熱狂的に読まれた杉本五郎陸軍中佐の『大義』という本がありますます（拙稿「禅・皇道・戦争」）。杉本五郎は一九〇〇（明治三三）年、広島県安佐郡三篠町（現在は広島市の三篠地区）に生まれ、一九二一年陸軍士官学校、二三

杉本五郎（1900～1937年）　陸軍軍人。1937（昭和12）年、日中戦争で中隊長として従軍し戦死。

年には陸軍戸山学校を卒業、一九三一（昭和六）年には大尉に昇進し中隊長となりました。『大義』は「児孫並に後世青年への遺言書」という手紙の形で書かれ、二〇章で構成されています。その一六章まで書いた一九三七年七月に動員下令を受け少佐となって中国に向かい、同年九月に山西省で戦死し中佐となっています。戦死するまで一カ月ほどの間にさらに「遺言書」の四章を書き足し、翌年刊行された『大義』は一九四一年には文庫版になり、自らも出征して死ぬことを意識するようになった若者たちに好んで読まれ、終戦までに一三五万部も出たといいます。戦争末期、自由な校風で知られた麻布中学校に在籍した奥野健男は、当時、麻布も含めほとんどすべての中学校に『大義』の研究会があったのではないかと述べています（市川白弦『日本ファシズム下の宗教』）。

では、『大義』はどのような内容か、いくつかの章から引用します。まず、第一章は「天皇」と題されています。

天皇は　天照大御神と同一身にましまし、宇宙最高の唯一神、宇宙統治の最高神。国憲・国法・宗教・道徳・学問・芸術乃至凡百の諸道悉皆　天皇に帰一せしむるための方便門なり。即ち　天皇は絶対にましまし、自己は無なりの自覚に到らしむるもの、諸道諸学の最大使命なり。無なるが故に、宇宙悉く　天皇の顕現にして、大にしては

白馬に跨がる軍装で神社に親拝する昭和天皇。戦時下、このような天皇の姿が強調される。

上三十三天、下奈落の極底《ごくてい》を貫き、横に盡十方に亘る姿となり、小にしては、森羅万象　天皇の御姿ならざるはなく、垣根に喞《すだ》く虫の音も、そよと吹く春の小風も皆　天皇の顕現ならざるなし。

釈迦を信じ、「キリスト」を仰ぎ、孔子を尊ぶの迂愚を止めよ。宇唯一神、最高の真理具現者　天皇を仰信せよ。萬古　天皇を仰げ。（第一章「天皇」）

まず、仏教もキリスト教も天照大御神と同一身で最高の真理具現者である天皇に帰一するとしています。

天皇にいのちを捧げることと無の自覚

第二章は「日本人の道徳」が主題です。それは教育勅語に集約され、さらに「天壌無窮の皇運扶翼《こううんふよく》」が核心だとします。そして、「個人道徳の完成」は自己は「無」だと自覚し、天皇のために死ぬことである。その覚悟がもてれば、日々の生活がすべて天皇の働きの現れ（「皇作皇業」）となるといいます。

天皇の御為めに死すること、是れ即ち道徳完成なり。此の理を換言すれば、天皇の御前には自己は「無」なりとの自覚なり。「無」なるが故に億兆は一体なり。天皇と同心一体なるが故に、吾々の日々の生活行為は悉く　皇作《こうさ》　皇業《こうぎょう》となる。是れ日本人の道徳生活なり。（第二章「道徳」）

第三章「「無」の自覚到達の大道」はわずか一〇行と短い章です。「無」に至る道とは何か。「「我」を捨てる」とは何か。宗教・教育・芸術・武道・文学、すべてそのための手段であり、「共通の根本道は唯一つ「人境不二」の道是れなり」。「換言すれば、境其物に成り切る境に没入一体化する無雑純一《むざつじゅんいつ》となること是れなり。時に日に月に此の訓練を重ねたる時、遂に人境共に無き無一物の境、否、無一物も亦なき絶対無の当体に到達すべし」と述べ、最後に「真忠は忠を忘る、念々是れ忠なるが故に。／真孝は孝を忘る、念々是れ孝なるが故に」と「忠」と「孝」のあり方で結んでいます。自己を無にして、「忠」とか「孝」とかと考えないのが本当の「忠」であり「孝」であるというのです。

以下、第四章「神国の大理想」、第五章「皇道」、第六章「解党」、第七章「生活原則」、第八章「七生滅賊《しちしょうめつぞく》」、第九章「国防」、第十章「第一等の人物」等と続きます。

宗教的内面性と天皇への絶対的帰依

その第八章「七生滅賊」では、つねに敵と戦うべきことを説いていますが、その敵とは「自己心中の朝敵」です。「私利私慾に耽り、国体を無視する奴は……皆悉く　大御心に背ける賊なり」と。そして、「破邪顕正《はじやけんしょう》の剣を心奥の強賊に振ひ滅却せよ」「生れては忠孝の民となり、死しては国家の神となり一意　皇祚を護る。／是れ日本人の真姿なるぞ」といいます。

第十五章「神社」は神を祀る施設である「神社」を指すのではなく、君臣一体を体現した人を指します。

仏教は無我を本とし、儒教は仁を説き、耶教《やきょう》（キリスト教）は愛を叫ぶ。此の三徳を兼備し、諸宗諸学を統合し、人類を救済し給ふは、実に　天皇御一神にお在します。天皇に透徹せる士は、即ち　天皇を御神体とする神社なり。其の氏名を冠して、和気神社（和気清麻呂《わけのきよまろ》公を祀れる護王神社の謂ひに非ず、和気清麻呂其の人なり）、楠神社（湊川神社《みなとがわじんじゃ》の謂ひに非ず、楠公《なんこう》其の人のことなり）、乃木神社（乃木大将を祀れる乃木神社のことにあらず、乃木希典その人の謂ひなり）と称呼すべし。日本臣民は須く皆　聖心を御神体とする神社ならざるべからず。

杉本中佐の『大義』の述べるところは、ほとんど神聖天皇の一神教です。しかし、自己を無にするといった言葉から禅の影響を大きく受けていることがわかります。

杉本五郎の生活と信念

杉本五郎は一九歳の一九一九年に東京の臨済宗龍雲院の白山道場で平松亮卿《りょうけい》に参じてから、動員下令を受けるまでの一八年間、禅の修行を続けました。そのうち広島では八年間も毎週一回欠かさず仏通寺の山崎益州《やまざきえきじゅう》の指導を受けました。

出世をしようと思えばもっと高い地位につく可能性もあったでしょうが、中隊長の地位に留まって広島の師団に居続けた人です。仏通寺は臨済宗の名高いお寺で、広島県三原市にあります。広島市の駐屯地からそこへ行くのはなかなかたいへんですが、毎朝早く起きて長期に渡って通いました。そこで禅の指導を受けた山崎益州は『大義』（一九三八年版）に本文と同じくらいの分量の杉本五郎の言行録のようなものを書いています。

杉本は非常に部下思いで、家族も大事にし、軍隊での死に方も肝のすわったものだったと山崎は書いています。杉本は一九三六年に二・二六事件を起こした青年将校が共鳴していた陸軍の皇道派には批判的でした。クーデターを起こすようなことは一種の慢心であり、自己を過大視して名を挙げようとする動機が隠されている。そのことに対して杉本は厳しく批判的だったということです。『大義』は二・二六事件に衝撃を受けたことが執筆の一つの動機だったと思われます。その事件後に『大義』の諸章が書かれ始めているからです。

六　天皇のためにいのちを捧げるという規範

天皇絶対化に同調した仏教者たち

杉本五郎は「皇道禅」の実践者でした。こうした実践者が出て来る背後には皇道禅を唱える禅僧が数多くいたわけです。これはもちろん禅宗に限ったことではありません。新野和暢『皇道仏教と大陸布教』は「皇道仏教」についての概観を提示してくれています。「皇道仏教」は仏教諸宗派で日中戦争が始まる時期（一九三七年）前後から用いられるようになり、太平洋戦争期には諸教団で支配的、あるいは優位に位置する思想となっていきまし

「大日本戦時宗教報国会」結成大会　太平洋戦争時には神社はもちろん、仏教各宗もキリスト教各派も戦争に協力するようになった。写真は1944年9月30日、東京の日比谷公園で行われた大日本戦時宗教報国会の結成大会。

た。

それ以前にも仏教宗派が戦争を肯定することはありましたが、日中戦争以後に見られる戦争肯定の論では、無条件に天皇へ帰依する思想が見られます。それが「皇道仏教」です。

たとえば、浄土宗では一九三八（昭和一三）年に「天皇と阿弥陀仏との同一化」が完成したといい、四一年に安西覚承という学者は「天皇に帰一し奉る信と、業務として行為する念仏とを実践する教徒に於て、阿弥陀仏も浄土も究極に於て皇国的理念に帰一すべきことは理の当然である」と述べています。

真宗大谷派の高名な学者である金

子大栄は、四〇年に次のように述べています。

日本の神ながらの道は本来超国家的である。日本は自体が超国家的なものをもつてゐるが故に八紘一宇と云ふことも出来る。本来超国家的なものが天皇を通じてのりとして現はれた。のりとして入つてきた。即ち神の御心に受け入れられたと云ふことはそのまま神ののりである。（中略）帰一と云ふものも二つのものを一つにするのではなく、仏の願ひがそのまま神の願であるとして間違ひのないものである。又他面からは父の言ふべき事があり母の云ふべき事もある。父の云ふべきことを母に云はしめた方が良い事もある。仏法は神の云ふことを仏が云つたと見てよい（同、一四〇～一四一ページ）。

こうした言説の背景には、死にゆく兵士らに対して、死の覚悟を説く役割を伝統仏教の僧侶が担うことが多かったという事情もありました。

日本軍の精神主義の犠牲者

人のいのちが軽くなっていくのは、『大義』に心を揺さぶられた十何歳かの若者たちや、テロリストやクーデターの参加者・共鳴者だけではなく、軍隊全体、また当時の若者に広くそういう考え方が浸透していました。日本の軍隊の戦死者は二三〇万人といわれています。吉田裕『日本軍兵士』と、その前に藤原彰『餓死《うえじに》した英霊たち』が示したところによれば、その半分以上は餓死、あるいは栄養失調による病死です。それは軍が補給をいかに軽んじたかということです。補給をしなくてもよいと考えた背景には短期決戦という理念もありました。天皇を尊崇する高貴な精神があれば勝てるとする精神主義的な考え方があり、現実を軽視する姿勢があったことが明らかです。

精神主義は現実的な配慮を軽んじることに結びつき、暴力容認にもなりました。そこに内務班（兵営内の居住単位）の暴行があります。古参兵が新兵をいたぶることが行われました。現実的にはなんの意味もないような暴力をふるって、それが精神主義的な訓練になるというのです。

毒ガスや疫病を兵器に使用するために中国で人体実験をした七三一部隊（石井部隊）では、中国人やロシア人を「丸太」と呼んで実験に使い、殺しました。その数は三〇〇〇人ともいわれています。それを京大出身の陸軍軍医、石井四郎らの科学者が行う（常石敬一『七三一部隊』）。これも日本軍の精神主義と切り離せないものです。兵士の訓練としては「突き刺し」をやったといいます。兵士に命じて中国人の捕虜を銃剣で突き刺して殺させる。そうして軍人魂を身に付けるといいます。そうしたことが神聖天皇にいのちを捧げる軍の使命観と結びついて行われたのでした。乃木希典が学習院の校長だった時に、生徒達にやらせた豚斬りにも相通じるものがあります。肝を鍛える、根性をつけさせる、こうした考え方が武士道的な精神教育として尊ばれ、神聖天皇という大義によって正当化され、一人ひとりの人間のいのちを軽んじることにつながったのです。

神聖天皇のためにいのちを犠牲にする

学校が火事になると、天皇の御真影と教育勅語を燃やすなどしてはならないということもありました。そのためにいのちを失った人たちがおり、「奉護《ほうご》」殉職者とよばれました。日本教育会館付設教育図書館所蔵の『教育塔合祀社名簿』の「第十一回　昭和二十一年殉職教職員合祀者名簿」では、一九四五（昭和二〇）年だけで一〇人があげられています（佐藤秀夫編『続・現代史資料8　教育』三四七〜九ページ）。福岡県の溝口泰令の場合は、「空襲中附近の民家炎上セルニ当リ奉安殿奉護ノタメ壕内ヨリ飛出デシ直後大型焼夷弾ノタメ即死」と記されています（同、三四八ページ）。一九四五年はほぼ空襲によるものですが、一九二〇年代以降のものでは、火災や水害の例も多いです。

戦旗の旭日旗《きょくじつき》については第3章でもふれました。今は自衛隊が使っていますが、戦前は天皇から直接渡されたので、日の丸よりもはるかに神聖なものとして扱われました。乃木は西南戦争の時に、部下が連隊旗を失ったため、西南戦争の直後から自ら死のうと考えて、その殉死につながったことはすでに述べました。旭日旗に関わるものではありませんが、昭和に入ってからの軍隊の例では、士官学校を出たばかりの若い将校候補者が一九三七年に軍人勅諭を暗唱させられ、言い間違えたために自決したという例も記録されています（戸部良一『逆説の軍隊』二〇八ページ）。

以上は、神聖天皇のために身を捧げ死亡した日本人のごく一部の例です。日本の戦争死者の多くは、戦争末期の一九四四年以後です。フィリピン、沖縄戦以後に格段に増えました。日本人の戦争死者は全体で三一〇万といわれています。そのうち二三〇万が将兵と軍属、あとの八〇万は空襲とか原爆とか沖縄戦などで亡くなった民間人でした。

しかし、日本以外の戦争死者は国も含めてアジア太平洋戦争全体での死者は一九〇〇万人と推定されています（小田部雄次他『キーワード日本の戦争犯罪』）。フィリピンだけでも百十何万人が死にました。もっとも多いのは中国大陸ですが、それについてはほとんど実態が知られていません。

神聖天皇の絶対化といのちの軽視

どうして、天皇をいただく国家のために多くの人のいのちが犠牲になることが正当化される体制が生まれたのでしょうか。そこには神聖天皇への崇敬がありました。「万世一系の国体」とか「天壌無窮の神勅」とか、「天皇が神の子孫である」とか、そういうことは明治維新以後もずっと公式の教義になっていて、教育勅語に基づく教育の中で、国民すべてがそういう教えを受けたのです。

しかし、それが極端になってくる一つの転機は、日露戦争から明治天皇の死へ、そして乃木希典の殉死を経て、明治天皇の神格化が進む時期です。その後の過程をみますと、多くの朝鮮人が殺された大正の末の関東大震災以後、あるいは米騒動や朝鮮半島での三・一運動以後の国家の思想・言論の統制、そして反対や抵抗運動を排除し国民自身が神聖天皇崇敬を本気でかかげざるを得ないような方向づけをしていきました。そして、神聖天皇崇敬がますます美化され、爆弾三勇士のような無残な戦死が軍国美談になり、国民自身が神聖天皇崇敬を自らの信念とし、マスコミがそれに乗り、あおる経過がありました。それらを受けて、政府は全体主義的な方向へと舵を切っていきました。

政府が果たした役割で大きいのは治安や思想・情報統制の問題です。政府は反体制が怖いので抑えようと言論統制をし、過酷な刑を科すなどして人心を誘導しました。神聖天皇への崇敬を強化する方向で国民を手懐《てなず》けようとしたのですが、それを受けて国民がその信仰にそって国を動かすようになり、それがだんだん止められなくなっていきました。国家の思想・情報統制にそって人々をあおるのはマスメディアや扇動家で、内外の「敵」に攻撃的な行動が称賛され、戦争はもちろん、テロとかクーデター事件が起こると、いっそう人々の感情が高ぶりました。それを受けて、超国家主義者、右翼、宗教団体などが動き、国家もそれに乗って神聖天皇の下で国家のために滅私奉公を推進する国民精神総動員運動（一九三七年）を起こし、国を挙げて政府に協力する大政翼賛会《たいせいよくさんかい》（一九四〇年創立）をつくるなどして、一つの信念体系に国民が身動きができないほどに組み込まれ、人々自身のいのちを軽んじられ天皇のために尽くさざるをえないという体制になりました。

第7章

象徴天皇と神聖天皇の相克

一　GHQ「神道指令」による政教分離の限界

神社神道に関する指令と皇室祭祀

一九四五（昭和二〇）年一二月一五日、GHQは日本政府に「神道指令」とよばれる通達をだしました。GHQとは、太平洋戦争で敗れた日本を占領統治するために置かれた連合国軍最高司令官総司令部の英語の略称で、その中心はアメリカ軍でした。その占領下でも日本政府は存続しましたが、GHQの指令に従うことになったわけです。

「神道指令」は略称で、本来は「国家神道、神社神道ニ対スル政府ノ保証、支援、保全、監督並ニ弘布ノ廃止ニ関スル件」という題の文書です。国家神道の解体を指示したといわれていますが、実は神社神道という宗教組織と国家の分離というところに焦点を当てたものでした。それはアメリカ風の政教分離、すなわち国家と教会の分離の理念によるものです。教会のような主流宗教組織が国家的に特別な地位をもって、国家の精神的な支柱となる。「国教体制」ということになりますが、そういう体制をなくせば、神聖化された天皇を国民が強く崇敬して政治家・軍部が無謀な戦争をすることもなくなるという考えが背後にあります。

しかし、日本には、もともと「神社神道」と呼べるような統一的な宗教組織は存在しなかったのです。各地にさまざまな神社があり、それぞれ多彩な信仰を培ってきました。明治維新以前には、かろうじて京都の朝廷や神祇官《じんぎかん》・神祇管領（白川家、吉田家）を中心とする神社ネットワークはありました。しかし、その横のつながりは強くありませんでした。明治になり、皇室祭祀と連携して全国のさまざまな神社が組織化され、はじめて神社神道と呼び得るような大規模な組織が形成されていきます。その経緯は第2章で述べたとおりです。それは近代の国家神道の重要な要素ではあるけれど、神社神道がそのまま国家神道であるわけではありません。国家神道の主要な構成要素には皇室祭祀があり、それと深い関わりがある神権的国体論があり、この周囲に天皇崇敬のシステムがありました。

ところが、GHQの「国家神道」の定義には、皇室祭祀がすっぽり抜けているのです。国家神道の廃止を目指しながらも、皇室祭祀や天皇崇敬に関わる部分には踏み込まないことにしたのです。すでに天皇制を維持するという方針は定まりつつありました。しかし、神聖な天皇の宗教的な力をどう制御するのか、それをどうしたらよいか、複雑な問題であるだけにまだ決めかねていたという要因が大きかったと思われます（拙稿「戦後の国家神道と宗教集団としての神社」)。

神聖天皇の宗教性を護持・強化する動き

「神道指令」で不明確になっているのは神聖天皇の宗教性です。皇室祭祀の中心には天皇自身が神聖な神的存在（神の子孫、神の命を受けた者）であるという前提があります。天皇は高《たか》天原《まがはら》の天照大神《あまてらすおおみかみ》の神勅を受けて、この世を治める神の子孫である。また、天照大神の孫である天孫ニニギノミコトの子孫が神武天皇以来の歴代天皇である。教育勅語に謳われている「皇祖皇宗」というのは、天照大神から現天皇に連なる神聖な家系の全体を指しているわけです。これら全体が日本はすぐれた国柄で、他国に優越しているという自尊心をくすぐっている。そういう問題については神道指令では十分にふれていないのです。したがって、「神道指令」で解体されたのは主に国家と神社の結合で、自国優越の「イデオロギー」をいちおう指摘はしていますが、皇室祭祀のおおかたは維持され、教育勅語の前提にもなっている神聖天皇についてもどう脱宗教化するかについては先延ばしされたのです。

　そのため、今も天皇崇敬につながる皇室祭祀の公的意義を高めようとしたり、皇室祭祀と神社神道の関係を復活させて皇室を神道や国体論に引き寄せて、「すぐれた国柄」を誇ろうとする動きが絶えないのです。天皇が伊勢神宮と一体だとして、伊勢神宮の公的地位を高めようとします。また、皇室祭祀が国家的な行事だとして、神聖天皇を中心とする「神聖な国体」の復興を展望しようとする政治勢力が力を増してきています。神聖天皇を強調するとともに、神社神道、とりわけ伊勢神宮と靖国神社の公的性格を強めようとする運動も盛んです。

これについては、憲法二〇条が「いかなる宗教団体も、国から特権を受け、又は政治上の権力を行使してはならない」「何人も、宗教上の行為、祝典、儀式又は行事に参加することを強制されない」と規定しており、憲法八九条が「公金その他の公の財産は、宗教上の組織もしくは団体の使用、便益若しくは維持のため、又は公の支配に属しない慈善、教育若しくは博愛の事業に対し、これを支出し、又はその利用に供してはならない」と規定しており、一定の歯止めにはなっています。天皇が特定宗教の祭祀に関わるとしてもそれが公的な影響力をもってはならないということです。しかし、そこを超えて天皇崇敬と国家の宗教性を強めようとする動きが繰り返し起こってきています。

昭和天皇の人間宣言

本書ではここまで、近代日本の神聖天皇がどのように形成され、国民生活にどのような影響を及ぼしてきたのかを見てきました。それが太平洋戦争の敗戦によって終焉を迎えたかに思われますが、実は戦後も問題が解消されたとは言えないのです。この章では、そうした戦後の天皇の神聖性について見ていきます。

「神道指令」の半月後の一九四六（昭和二一）年一月一日、「新日本建設に関する詔書《しょうしょ》」と呼び習わされている昭和天皇の言葉が官報号外で公表されました。新年にあたって公表された一〇〇〇字近くに及ぶ長い文章のうち、「天皇の人間宣言」といわれるのが次の部分です（拙稿「敗戦と天皇の聖性をめぐる政治」）。

惟《おも》フニ長キニ亘《わた》レル戦争ノ敗北ニ終リタル結果、我国民ハ動《やや》モスレバ焦躁ニ流レ、失意ノ淵ニ沈淪《ちんりん》セントスルノ傾キアリ。詭激《きげき》ノ風漸《ようや》ク長ジテ道義ノ念頗《すこぶ》ル衰ヘ、為ニ思想混乱ノ兆アルハ洵《まこと》ニ深憂ニ堪《た》ヘズ。

然《しか》レドモ朕《ちん》ハ爾等《なんじら》国民ト共ニ在リ、常ニ利害ヲ同ジウシ休戚ヲ分タント欲ス。朕ト爾等国民トノ間ノ紐帯《ちゅうたい》ハ、終始相互ノ信頼ト敬愛トニ依《よ》リテ結バレ、単ナル神話ト伝説トニ依リテ生ゼルモノニ非《あら》ズ。天皇ヲ以《もっ》テ現御神《あきつみかみ》トシ、且《かつ》日本国民ヲ以テ他ノ民族ニ優越セル民族ニシテ、延《ひい》テ世界ヲ支配スベキ運命ヲ有ストノ架空ナル観念ニ基クモノニモ非ズ。

戦災のまちを歩く昭和天皇　1946年２月、神奈川県横浜市方面を皮切りに昭和天皇は戦災地を中心に地方巡幸を開始した。戦後の天皇の姿である。（写真©毎日新聞社）

太平洋戦争にいたる日本は、「日本国民ヲ以テ他ノ民族ニ優越セル民族ニシテ、延《ひい》テ世界ヲ支配スベキ運命ヲ有ス」という傲慢な意識があったことを自認しています。また、神道指令でも超国家主義と軍国主義に動かされたことをはっきり指摘しています。ここでは、そうした観念が「架空ナル観念」であるとしています。「単ナル神話ト伝説」によって「天皇ヲ以《もっ》テ現御神《あきつみかみ》」とする観念が強制されたことの誤りを省みているのです。

ここでは、神聖天皇を天皇自らが否定しています。ただ、「新日本建設に関する詔書」の冒頭には「顧ミレバ明治天皇　明治ノ初《はじめ》国是トシテ五箇条ノ御誓文《ごせいもん》ヲ下シ給ヘリ」とあり、明治天皇が神前で誓った五箇条の御誓文が引かれていて、一定の範囲で神聖性を保つような文言になっています。その一方で、「朕《ちん》ハ爾等《なんじら》国民ト共ニ在リ」「朕ト爾等国民トノ間ノ紐帯《ちゅうたい》ハ、終始相互ノ信頼ト敬愛トニ依《よ》リテ結バレ」という言葉に、人間としての天皇は国民と「信頼と敬愛」によって結ばれるという理念が示されています。

この新たな理念が日本国憲法の象徴としての天皇へ引き継がれていきますし、生前退位を表明した明仁天皇の「象徴としてのお務めについての天皇陛下のおことば」（二〇一六年）にもつながります（拙稿「象徴天皇の人間性を示す二つのお言葉」）。いちおう「天皇の人間宣言」は一つの方向性を指し示したということは言えるでしょう。

しかし、「天皇の人間宣言」は天皇個人の意思表示にすぎず、法的拘束力のある文書ではありません。人間宣言から一年以内に内容が固まっていく日本国憲法においても、天皇が神聖であるということを日本国家の根幹として強く掲げたことから大きな問題が生じたということは、なお十分に明確になっていません。「象徴天皇」という規定は神聖天皇ではなく人々と「信頼と敬愛」の関係にある人間天皇という意味が含まれていると考えることもできるわけですが、それを確認することは戦後の日本国民にとっての課題として持ち越されているのです。

1947年12月、昭和天皇は広島にも行幸した。

二　皇室祭祀の残存とその公的意義強化の運動

皇室典範と皇室祭祀

日本国憲法は旧憲法（大日本帝国憲法）を改正する形で帝国議会衆議院・貴族院の議決をへて一九四六年一一月三日に告示、翌年五月三日に施行されました。その第一条に「天皇は、日本国の象徴であり日本国民統合の象徴であつて、この地位は、主権の存する日本国民の総意に基く」とあります。大日本帝国憲法の第一条では「大日本帝国ハ万世一系ノ天皇之《これ》ヲ統治ス」、第三条では「天皇ハ神聖ニシテ侵スヘカラス」と定められていましたから、日本は神聖天皇の国から象徴天皇の国になったわけです。しかし、日本国憲法でも皇室祭祀ついては何も定められていません。

天皇・皇族に関する法令である皇室典範《こうしつてんぱん》でも同じです。現在の皇室典範は、日本国憲法と同時に旧皇室典範を廃止して施行されました。最高法規の憲法のもとにある法律のひとつです。一方、旧皇室典範は大日本帝国憲法と並び立つ高次の法でした。帝国憲法には

「臣民」の権利と義務等が定められているのに対し、天皇・皇族は「臣民」ではないので、憲法とは別に皇室の家憲として皇室みずから定めて歴代天皇の霊と天神地祇《てんじんちぎ》に親告したとされるのが旧皇室典範でした。

その旧皇室典範のもとに、登極令《とうきょくれい》（天皇の践祚《せんそ》・即位に関する規定）、皇室祭祀令（春季皇霊祭《こうれいさい》・新嘗祭《にいなめさい》など皇室祭祀に関する規定）など、「皇室令」と総称される様々な法令が定められていました。それらは日本国憲法が施行され、旧皇室典範が廃止されると同時に、法体系としては効力を失ったのですが、廃棄もされていません。登極令や皇室祭祀令が新憲法のもとで新たに制定されることはなく、実際には失効したはずの法令の規定のとおりに祭祀が継承されました。

戦後も残る皇室祭祀

そのための施設として皇居には戦後も賢所《かしこどころ》、皇霊殿、神殿があり、宮中三殿とよばれています。中心の賢所には天照大神が孫（「天孫」とよばれます）のニニギノミコト（瓊瓊杵尊《ににぎのみこと》）の降臨（天孫降臨）の際に自らの分身として授けたという鏡がご神体としてすえられています。本来の鏡は伊勢神宮にあり、宮中には「うつし」が置かれているのです。この天孫降臨のとき、草薙《くさなぎ》の剣《つるぎ》と八尺瓊《やさかに》の勾玉《まがたま》も渡されたとされ、王権の神聖なしるしとして「三種の神器」とよばれてきました。

皇霊殿には歴代の天皇・皇后・皇親の二二〇〇余りの霊が祀られ、神殿には天神地祇と総称される日本の神々が祀られています。さらに宮中三殿の左手には神嘉殿《しんかでん》があり、新嘗祭が行われる重要な祭場です。なお、草薙の剣と八尺瓊の勾玉は天皇の居室の近くの「剣《けん》璽《じ》の間《ま》」に置かれていますが、戦前は天皇が皇居（宮城）を一日以上離れる場合には、必ず侍従が捧げ持ち随行することになっていました。戦後、この「剣《けん》璽《じ》御《ご》動座《どうざ》」は廃止されましたが、神社本庁は復興を働きかけ、第六〇回式年遷宮の翌年の一九七四（昭和四九）年に昭和天皇が剣璽を伴って神宮を参拝してから、天皇の神宮参拝の際には携行されるようになりました。剣璽御動座は復興したわけです。代替《よか》わりのときには、かつては「剣《けん》璽《じ》渡《と》御《ぎょ》の儀《ぎ》」が行われていましたが、現在は「剣《けん》璽《じ》等《とう》承《しょう》継《けい》の儀《ぎ》」が行われます。「三種の神器」の継承が代替わりの最初に行われるわけです。

宮中三殿の神事に話を戻しますが、天皇の私的な使用人である掌典長をはじめとする一六人の掌典職、および五人の内掌典によって毎日神事が行われています（高橋紘『象徴天皇』）。天皇のかわりに侍従が毎日、「代拝」しています。天皇自身が祭典に加わる「小祭」、天皇が自ら祭主となる「大祭」などの宮中の神事が二〇回以上あります。天皇はその他にも伊勢神宮や橿原神社への参拝など、数多くの神事に関わります。年中行事だけではなく、結

即位の礼・大嘗祭に向かう平成の天皇　現在の皇居にも皇祖や歴代天皇、天神地祇を祀る宮中三殿があり、祭祀が営まれている。（写真©時事）

婚式や即位式等の際にも宮中三殿での拝礼が行われます。これらは天皇家の私事という位置づけですが、総理大臣や国務大臣、衆参両院議長、最高裁長官らが招待される神事もあります。

　年の始まりから見ていきますと、元旦には四《し》方拝《ほうはい》、歳旦祭、三日には元始《げんし》祭《さい》等とあります。元始祭や二月一一日の紀元節祭は明治維新後につくられた祭祀です。天皇は天照大神の神勅を受け、かつその子孫であり、天孫ニニギノミコトを引き継ぐ神武天皇以来の神聖な皇統を受け、神聖な存在として祭祀を行い国を治めている。だからこそ他国に類例がなく優れた国体なのであり、全国民が崇敬すべきだという観念が明治維新以来、多くの国民に広められて共同意識として定着しました。戦後の皇室祭祀は建前上は天皇の私的行為とされていますが、公的な意義や影響力は少なからず残っています。

天皇の代替わりのときに、象徴天皇制の下でも神道が大きな意義を保っていることが露わになります。新たな天皇が天照大神に新穀を捧げともに食する大嘗祭《だいじょうさい》は明らかに神道行事です。他にも賢所や伊勢神宮に関わる行事がいくつも行われます。また、代替わりのときに限らず、天皇と伊勢神宮との関わりにおいて、神道の公的意義が自ずから思い起こされます。二〇年ごとの伊勢神宮の式年遷宮《しきねんせんぐう》は典型的なものですし、例年の神嘗祭、新嘗祭もそうです。さらに、戦後も靖国神社の春秋の例大祭（例大祭の日は、戦前は陸軍記念日、海軍記念日でした）には、皇室の勅使が差し遣わされ、奉幣が行われてきています。これらはいずれも天照大神の子孫であり、その命を受けたとされる天皇の神聖性を喚起する神道行事です。今は行われていませんが、再び靖国神社が公的地位を得、そこに天皇が参拝するようになれば、現代日本における神聖天皇の意義は一段と高いものになるでしょう。

神社本庁による神社の再組織化

戦後、ＧＨＱの「神道指令」で国家から分離された神社は、直ちに新たな組織化を行いました。「天皇の人間宣言」があった一九四六年一月のすぐ後の二月、いち早く神社本庁が設立されます。この宗教団体は神聖天皇の国家的意義を回復することをつねに目指してきました（藤生明『徹底検証 神社本庁』）。まず、その由来を見ていきましょう。

戦前・戦中には国家が行う皇室祭祀と神社神道を結びつけていた組織がありました。内務省神社局（一九〇〇～四〇年）を引き継ぎ、神社界の念願がかなって皇紀二千六百年（一九四〇年）を記念して設置された神祇院《じんぎいん》が国側の神社を統括する組織です。また、神職養成・教育研究機関で東京に本部がある皇典講究所（一八八二年）、その上位に位置する國學院（一八九〇年、のちに大学となる）、伊勢の神宮皇學館（一八八二年、のちに大学となる）があり、神宮奉斎会《じんぐうほうさいかい》（一八九九年）、全国神職会《ぜんこくしんしょくかい》（一八九八年、後、大日本神祇会と改称）などの神職・神社関係者の組織がありました。

神道指令によって国側の組織が解体し、神社組織が国家から切り離されたので、新たに宗教法人として設立されたのが神社本庁です。神社本庁は皇典講究所、大日本神祇会、神宮奉斎会が統合されて成立したものとされます。民間の宗教団体であるにもかかわらず、「神社本庁」と名乗っているところに公的な地位を回復したいという意志をにじませています。

この宗教団体は、今日に至るまで、占領によって国家的な地位を喪失する以前に返ることを目指してきました。占領終結後、最初に掲げたのが「神宮の真姿顕現《しんしけんげん》運動」でした（神社新報政教研究室編『増補改訂　近代神社神道史』）。単に「神宮」と言えば、天照大神を祀る伊勢神宮を指します。伊勢神宮こそがすべての神社の上位に立つ、最高の地位にある神社だという立場がこの呼び方の背後にあります。そして、その伊勢神宮と皇室は一体である。したがって、神宮は国家的な地位を持つということを明らかにする、これを実現しようというのが神宮の真姿顕現運動でした。

神聖な皇室を掲げる神社本庁

神社本庁にとって、皇室と神宮（伊勢神宮）は一体です。そして伊勢神宮は全神社の代表です。すべての神社は伊勢神宮が統括し、それは皇室と一体であることによって国家的地位を持つ方向を目指す。これが神社本庁の考えるところになりました。これは神聖な天皇が神道の中心にいるという考え方でもあります。

この「神宮の真姿顕現」という言葉ですが、一九三六年に二・二六事件を起こした皇道派の反乱将校を抑えるために川島義之陸軍大臣が下した告示の中に、「国体の真姿顕現の現況（弊風をも含む）については恐懼《きょうく》に堪えず」という文言が入っており、「国体の護持」の思想が背後にあることがわかります。「皇室と神宮の一体性」、すなわち「国体」の明確化に関わる「神宮の真姿顕現」ということを戦後の神社本庁が最初に目標に掲げたわけです。

神社本庁は一九八〇年に「神社本庁憲章」を定めています。その第一条は「神社本庁は、伝統を重んじ、祭祀の振興と道義の昂揚を図り、以て大御代《おおみよ》の弥栄《いやさか》を祈念し、併せて四海万邦の平安に寄与する」となっています。これについて、神社本庁教学研究室編の『神社本庁憲章の解説』(神社本庁、一九八〇年)では、「祭祀の振興、道義の昂揚により、究極的に目指すところは大御代の弥栄である」とし、後醍醐天皇、明治天皇の「御製《ぎょせい》」とならべて昭和天皇の「御製」、「わが庭の宮居に祭る神々に世の平らぎをいのる朝々」をあげてこう述べています。

畏れ多くも、御歴代の天皇民の為にかく祈り給ふ。億兆かゝる聖慮に応へ奉る為には、ひたすら大御代の弥栄を祈念申し上げることこそ、神社祭祀の本義でなくてはならぬ。

「大御代の弥栄」というのは天皇の治世を褒め称えその永遠の繁栄を願う言葉です。国家の中心に皇室祭祀があって、それこそが日本の政治を支える神聖な制度だと信じる団体があり、その主張は政府や与党に多くの支持者をもっているのです。

神聖天皇を掲げる神道政治連盟

一九六九年には神社本庁の関係団体として神道政治連盟（神政連）ができています。これは神社本庁が担っていた政治活動をより有効に行うために立ち上げたものです（拙稿「神道政治連盟の目指すものとその歴史」）。第三次安倍内閣（二〇一五年一〇月〜二〇一六年八月）では閣僚二〇人のうち一九人が、第三次安倍第二次改造内閣（二〇一六年八月〜）では一七人が、神政連国会議員懇談会に名を連ねていました。神政連国会議員懇談会のメンバーである国会議員は二〇一六年段階で、衆議院で二二三人、参議院で八一人、衆参両院合わせて三〇四人です（青木理『日本会議の正体』）。国会議員全体（七一七人）の約四割であって、これには自民党以外の議員も加わっています。

一九七四年には右派系の宗教団体が結集して「日本を守る会」がつくられ、一九八一年には右派の諸団体や人々により「日本を守る国民会議」という団体ができます。この双方の動きの実務的な側面を担ったのは谷口雅春《たにぐちまさはる》（一八九三〜一九八五年）を教祖とする生長の家の信徒らで、神社本庁とも密接なつながりがありました。谷口雅春は戦時中に『天皇絶対論とその影響』という書物も著しており、戦後は追放に処されましたが、その後も神聖天皇崇敬を唱える書物を次々刊行し、政治活動にも積極的でした。

そして「日本を守る会」と「日本を守る国民会議」は一九九七年に合流して、あらたに「日本会議」が発足します。日本会議も政治的に大きな影響力をもっており、日本会議国会議員懇談会の勢力は神政連国会議員懇談会に少し劣る程度です。神社本庁はこれら右派の政治勢力に大きな影響を及ぼしているのです。

神道政治連盟のホームページを見ると、「皇室」、「政治と宗教」、「教育・家庭」、「憲法」、「伝統・文化」の五項に分かれており、「皇室」の項の冒頭には「神政連は皇室の尊厳護持運動の活動の《ママ》第一に掲げています」と書かれています。「憲法」の項を見ると、有村治子自由民主党参議院議員・神道政治連盟国会議員懇談会副幹事長の「占領期の呪縛を乗り越え国民の手による憲法改正へ」という文章が掲載されています（二〇一六年現在）。そして、次のように記されています。

> 憲法の三大原則をなす「国民主権、基本的人権の尊重、平和主義」や「戦争の放棄」を定めた第九条については学校教育においても《その文言は》徹底的にたたき込まれます。しかし例えば憲法が四つの補則を含め百三条で構成されていること、憲法の冒頭には八条にも亘って天皇陛下に関する条項があることなど、どれだけの国民が身近に認識しておられるでしょうか。憲法の意義や制定過程、このような憲法の輪郭

を丁寧に共有してこそ、改正に向けての世論が大きく動くのだと痛感しています。

三　教育勅語・靖国神社・伊勢神宮

「教育勅語」の残存

戦後、日本国憲法の公布後、その施行に先立つ一九四七年三月に教育基本法が制定されました（第一次安倍政権で二〇〇六年に改訂され、現行の教育基本法となる前のものです）。その序文を左にあげます。

われらは、さきに、日本国憲法を確定し、民主的で文化的な国家を建設して、世界の平和と人類の福祉に貢献しようとする決意を示した。この理想の実現は、根本において教育の力にまつべきものである。

われらは、個人の尊厳を重んじ、真理と平和を希求する人間の育成を期するとともに、普遍的にしてしかも個性ゆたかな文化の創造をめざす教育を普及徹底しなければならない。

ここに、日本国憲法の精神に則り、教育の目的を明示して、新しい教育の基本を確立するため、この法律を制定する。

このような教育基本法に当たるものは世界的に珍しいものとされますが、教育勅語のように教育の基本を決めることが近代国家の精神基盤を方向づけるという考え方が背後にあります。実は、明治天皇の「教育勅語」には戦後も強い執着がありました。それを残さないのであれば、新たな「勅語」が望ましいという考え方もありました。それらに対抗する形で教育基本法が成立したのです（拙稿「存続した国家神道と教育勅語の廃止問題」）。

第2章で述べたように、「朕惟《ちんおも》フニ我カ皇祖皇宗国ヲ肇《はじ》ムルコト宏遠ニ徳ヲ樹ツルコト深厚ナリ我カ臣民克ク忠ニ克ク孝ニ億兆心ヲ一ニシテ」という文言から始まる「教育勅語」は、天皇の神聖性を代表する文書でした。これについてもGHQは神聖天皇を支える重要な文書だということがよくわかっており、当初は廃棄の案もありました。ところが、天皇の処遇が明確でない段階では、教育勅語についても明確な廃棄措置を行うことをためらったのです。日本国民の反発を恐れた側面もあります。それについては、ＧＨＱの政策決定に影響を及ぼしうる日本側のリーダーたちの曖昧な態度もあったのです。

当時、すでに冷戦体制になっていたという事情もあります。米軍を中心とするＧＨＱは天皇の権威を利用することによって日本の統治はうまくいくという立場を強めていきます。日本の占領統治のためには天皇の地位をできるだけ保ったままがいいということです。これに対して、神聖天皇を人々に押し付けた教育勅語は認めてはならないという立場を明確にしたのは極東委員会でした（鈴木英一『日本占領と教育改革』）。

戦後の文部大臣と教育勅語

極東委員会とは日本の敗戦処理について連合国が共同の意志を定めるために設けた委員会です。ＧＨＱも極東委員会の下にありました。また、天皇は除外してA級戦犯を裁いた極東軍事裁判も極東委員会が意志を行使した面があります。しかし、極東委員会には日本に対して厳しい見方もあったのです。

極東委員会はアメリカ・イギリス・フランス・カナダ・ソ連・中国（中華民国）・オランダ・オーストラリア・ニュージーランド・フィリピン・インドの一一カ国の代表で構成されました。その中でイギリス、中国、オーストラリア、フィリピンなどは日本に対してもっと厳しい姿勢をとっていました。マッカーサーのGHQは積極的ではなかったのですが極東委員会が求めたため、一九四八年には日本の国会でも「教育勅語等排除に関する決議」（衆議院）、「教育勅語等の失効確認に関する決議」（参議院）が決議されました。

しかし、にもかかわらず、日本の文部省では教育勅語が果たした働きは、戦後にも必要だとの考えが強かったのです。戦後の文部大臣には、内村鑑三の弟子などキリスト教徒やキリスト教に影響を受けた学者が多かったのです。前田多門、安倍能成《あべよししげ》、田中耕太郎らですが、いずれも「教育勅語」に対して比較的肯定的な対応を取っていました。日本の国内には「教育勅語」をなくすことに非常に抵抗があり、アメリカ側もそれがわかっていましたし、天皇の権威をうまく利用しようとして、なかなか廃棄しようとしなかったのです。ようやく一九四八年に廃棄になったけれど、それでもまだ「教育勅語」には意味があるという考え方が残りました。

日本が独立を回復した一九五一年のサンフランシスコ講和条約のときに文部大臣だったのは、カント哲学の研究者だった天野貞祐《あまのていゆう》ですが、「教育勅語」の精神を何とか生かせないだろうかと考えていました。日本が独立したときの文部省の姿勢の中に、天野貞祐大臣の道徳教育が重要であること、また、道徳教育の基盤は「教育勅語」の精神を受け継ぐものであるという考え方があって、それがその後の文科省の姿勢にも影響を及ぼしています

（山住正己『教育勅語』、貝塚茂樹『戦後教育改革と道徳教育問題』）。

明治維新以来の祭政教一致の「祭」は天皇の祭祀と神社が結びついたものです。「教」は「教育勅語」を具体化した修身教育および天皇神聖のイデオロギーであり、国体論ということになるわけですが、その両方とも戦後、一応は廃棄されたけれども、あやふやだったり、曖昧になった面があります。ですので、国家神道が解体され、祭政教一致の神聖国家は解体したけれども、実はその基盤は残ったのです。

靖国神社・伊勢神宮・祝祭日

このようにして神聖天皇崇敬の基盤は残されました。そこで、その基盤を強化して復興させようという動きが継続的になされることになります。占領時代からそういう動きがあり、講和条約後はますますそういう運動が強まる。自民党が憲法改正を掲げるにあたっては、そこがからんでいて、常に「日本の本来の姿を取り戻そう」ということになります。それは明確に「国体」論であるとは言わないとしても、「美しい国柄」といった言葉でそれが示唆されており、神聖天皇が日本の歴史の背後にあるとの考えのもとに、天皇の神聖な祭祀や神聖天皇への崇敬を国の中に取り戻していこうという運動になっています。

そこでもう一つ、靖国神社の問題があります。第３章「天皇の軍隊」で述べたように、靖国神社は尊皇のため、神聖天皇の国家形成のために死んだ兵士が招魂祭をとおして神として祀られるというところから創建されました。戦後、国家と神社の分離によって、靖国神社も民間の一神社ということになりました。それに対して、それは国家的な機関であるべきだという主張があります。自民党は一九六九年から靖国神社国家護持法案を提出し、七四年には衆議院で可決するところまで行きました。しかし、ほとんどの宗教団体が反対の立場をとりましたし、憲法二〇条との整合性が疑われ、自民党は断念するに至ります。

しかし、一九六七年には地上の皇統の初代、神武天皇が即位した日だという二月一一日の旧紀元節が「建国記念の日」という名称の「国民の祝日」に制定されました。これにはかなり反対もありましたが強行されました。一九七九年には「元号は、皇位の継承があった場合に限り改める」という元号法が制定されています。これらは、「国体」の復興や天皇の神聖化につながる方向をもった動きです。

もとは天皇の祭りの日である祝祭日と天皇との結びつきを強化しようという動きもあります。たとえば四月二九日の「昭和の日」は、元は昭和時代の天皇誕生日でした。平成になって「みどりの日」とし、さらに二〇〇七年施行の改正祝日法で「昭和の日」と改称しました。今、右派が課題として掲げているのは一一月三日の「文化の日」です。元は明治天皇の誕生日で、昔は天長節《てんちょうせつ》といいました。それが大正時代に「明治節」になり、戦後に

「文化の日」になったのを「明治の日」に戻そうという運動があります。なお、文化の日に授与される文化勲章は、一九三七年に定められたもので、今も天皇から直接手渡(親授)される勲章です。

天皇の神聖化を進めようとする動き

一九八九年には昭和天皇の御大喪と、平成の天皇の剣璽承継の儀が行われ、翌年、即位礼および大嘗祭がありました。これらはかつては国家的な神道行事として大々的に行われたのですが、戦後は神道行事は皇室の私事であり、国費は使わないはずでした。ところが、そこが曖昧になっています。御大喪や大嘗祭は明確に宗教性を持っていますが、それ以外は宗教性を形式上は否定して国家行事として成り立たせています。昭和天皇が亡くなったのは比較的急でありましたし、また、戦前的なものを継承している天皇の行事だったので、大正から昭和への代替わりから大きな変化はできなかった面もあります。そういうこともあって、神聖天皇的な要素が公共空間に残る儀式になったわけです。

また、この間に国家神道を復興させようという動きは少しずつ進んでいて、二〇一三年の伊勢神宮の式年遷宮では、できるだけ国家的な行事とするということで大きな行事になりました。天皇・皇后も数カ月後に参拝しましたし、国民の参詣者もたいへん多くの数になりました。安倍首相が「遷御《せんぎょ》の儀《ぎ》」に「私人として」参列しましたが、これは八四年前の一九二九年に当時の浜口雄幸首相が参列して以来、歴史上二度目のことです。

伊勢神宮や明治神宮の参拝者は、実は敗戦後にどんと落ちました。それが次第に戻って今や明治神宮も伊勢神宮も相当に多くの人が参拝し、地位を回復してきています。その中でうまくいかなかったのが靖国神社の国家護持です。その挫折後、それにかわるものとして、一九七五年以来、首相の靖国神社への公式参拝が試みられてきました。しかし、一九九二年に二つの高等裁判所の判決が出ており、公式参拝は違憲とされています。

このように、神聖天皇の国家行事の復興を押しとどめているのは、信教の自由と政教分離原則を定めた憲法二〇条と、公金の宗教への支出を禁じた八九条です。靖国神社への首相の公式参拝については、中国や韓国がA級戦犯が合祀されているので反対しているためにできないと考えている人が多いですが、実は高裁の判決で憲法の規定により公式参拝は許されないことが示されているのです。それにもかかわらず、私的参拝と称して首相が参拝しようとすると、中国、韓国の反対があって、実際はそれもできなくなっているということです。

四　天皇の神聖性の否定と象徴天皇制

明仁天皇のビデオメッセージ

二〇一六年八月八日、天皇が異例のビデオメッセージの形で生前退位を望む旨の「おことば」を述べられました。詳しくは「象徴としてのお務めについての天皇陛下のおことば」というものです。

即位以来、私は国事行為を行うと共に、日本国憲法下で象徴と位置づけられた天皇の望ましい在り方を、日々模索しつつ過ごして来ました。伝統の継承者として、これを守り続ける責任に深く思いを致し、更に日々新たになる日本と世界の中にあって、日本の皇室が、いかに伝統を現代に生かし、いきいきとして社会に内在し、人々の期待に応えていくかを考えつつ、今日に至っています。

明仁天皇はこのように述べ、「象徴と位置づけられた天皇の望ましい在り方」についての考え方を示していきます。

私が天皇の位についてから、ほぼ二八年、この間《かん》私は、我が国における多くの喜びの時、また悲しみの時を、人々と共に過ごして来ました。私はこれまで天皇の務めとして、何よりもまず国民の安寧と幸せを祈ることを大切に考えて来ましたが、同時に事にあたっては、時として人々の傍らに立ち、その声に耳を傾け、思いに寄り添うことも大切なことと考えて来ました。

「社会に内在」とか「人々の傍らに立ち、その声に耳を傾け、思いに寄り添うこと」とありますが、これは国民と同じ目線で相互にやりとりする関係を尊ぶという考え方にのっとったものです。

天皇が象徴であると共に、国民統合の象徴としての役割を果たすためには、天皇が国民に、天皇という象徴の立場への理解を求めると共に、天皇もまた、自らのありように深く心し、国民に対する理解を深め、常に国民と共にある自覚を自らの内に育てる必要を感じて来ました。こうした意味において、日本の各地、とりわけ遠隔の地や島々への旅も、私は天皇の象徴的行為として、大切なものと感じて来ました。

この部分にも天皇と国民の関係が同じ平面での相互的な関係であるべきだという考え方がよく表れています。

皇太子の時代も含め、これまで私が皇后と共に行って来たほぼ全国に及ぶ旅は、国内のどこにおいても、その地域を愛し、その共同体を地道に支える市井《しせい》の人々のあることを私に認識させ、私がこの認識をもって、天皇として大切な、国民を思い、国民のために祈るという務めを、人々への深い信頼と敬愛をもってなし得たことは、幸せなことでした。

「おことば」に込められたもの

このように、「おことば」は「国民と共に」「信頼と敬愛」という言葉を繰り返し使って、国民と同じ人間同士の立場で相互の関係を尊ぶと語られています。これは昭和天皇の「新日本建設に関する詔書」、すなわち「天皇の人間宣言」における「朕《ちん》ハ爾等《なんじら》国民ト共ニ在リ」「朕ト爾等国民トノ間ノ紐帯《ちゅうたい》ハ、終始相互ノ信頼ト敬愛トニ依《よ》リテ結バレ」と語られていることを受け継いでいます。神聖天皇の神聖性をなくし、現代の立憲主義や民主政治にふさわしい人間同士の相互的なものにしていく、それこそが象徴天皇制の本来的なあり方だという考え方がうかがわれます（拙稿「象徴天皇の人間性を示す二つのお言葉」）。

実は天皇が直接政治に携わることを避けるとしながら、天皇を神聖化し崇敬の対象とすることで、その政治的機能を強化してきたというのが明治維新以後の日本の国家のあり方でした。ふだん天皇個人は政治的な意思を示さないが、天皇の意思にそったものとして政治を行うということは、政治を行う政治家や高級官僚にとっては都合がいいことでもありました。神聖天皇を政治的に利用する体制でもあったわけです。ですが、その結果、責任がどこにあるのか、よくわからない体制になりました。丸山眞男《まるやままさお》が「無責任の体系」と特徴づけた所以です（『現代政治の思想と行動』）。

神聖天皇というのは非政治的に見えて、たいへん強力な政治的機能を発揮するものだったのです。天皇の権威を借りて、専制政治に通じるような上意下達的な政治体制を実現したいとの力が働きました。戦前の軍隊のように、神聖な権威に基づく使命感によって国家を一丸としたいと考えることにもなりました。そういう考え方をとらず、平成の明仁天皇は、「国民とともにあること」、「天皇と国民は信頼と敬愛によって結ばれること」を願うとの意思を明らかにしているわけです。

生前退位と国体論を引きずる皇室典範

明仁天皇は生前退位の意向を示したのですが、これは一九四七年に公布された現行の皇室典範にそぐわないものです。皇室典範の第四条には、「天皇が崩じたときは、皇嗣が、直ちに即位する」と規定されています。ですから、生前退位の意向を示した明仁天皇は、皇室典範を改正する可能性を示唆したとも言えるわけです。世論は生前退位を認める意見が圧倒的に多かったのですが、政府は皇室典範の改正を行うのではなく、「天皇の退位等に関する皇室典範特例法」という特別立法によって対処しました。現行の皇室典範の改正に消極的だったのです。

これは日本会議や神道政治連盟などの右派の考え方に配慮したものです。たとえば、右派の論客の小堀桂一郎氏（東大名誉教授）は、「天皇の生前御退位を可とする如き前例を今敢えて作る事は、事実上の国体の破壊に繋がるのではないかとの危惧は深刻である。（略）摂政の冊立を以て切り抜けるのが最善だ」（『産経新聞』七月一六日）と述べたと伝えられています。

このことから見えてくるのは、現行の皇室典範が「万世一系の国体」という神権的国体論につながる要素を今なお保っているということです。これは、二〇〇四年から五年にかけての「皇室典範に関する有識者会議」の結論が先送りにされたこととも関わりがあります。このことを明らかにしたのは、奥平康弘『「万世一系」の研究』です。旧皇室典範では、伊藤博文が仏教の盛んな時代に生前退位が行われたことに言及し、皇位継承が不安定になるという理由で生前退位の可能性を排除したとされます。

加えて、同書の「解説（2）」に私が示したのですが、次のような事情もあります。一八八九年に公布された旧皇室典範第十条では、「天皇崩スルトキハ皇嗣即チ践祚シ祖宗ノ神器ヲ承ク」とあります。三種の神器の継承と結びつけて崩御の後に践祚するとされていました。現行の皇室典範が「天皇が崩じたときは」と規定しているのも、このことが影響しているのです。生前退位に反対する人たちは、生前退位が「万世一系の国体」を、また天皇の神聖性を掘り崩しかねないという考えをもっていたことが見えてきます。これは現行の皇室典範が、神聖天皇崇敬の過去を引きずっていることを示すものでもあります。また、明仁天皇の生前退位の意思表明は、これを象徴天皇制にふさわしいものに変える方向を示唆するものでもあったのです。

天皇代替わりの年を迎えて

昭和から平成への代替わりは一九八九（平成元）年に昭和天皇の御大喪と剣璽等承継の儀

が、一九九〇（平成二）年に即位の礼と大嘗祭が行われ、およそ二年間にわたって代替わり儀礼が行われました。今回は、二〇一九年四月三〇日の退位の礼、五月一日の剣璽等承継の儀、そして、一一月に行われる即位礼、大嘗祭と半年余りの間に集中して行われます。

昭和天皇から平成の明仁天皇への代替わりのときには、代替わり儀礼のいくつかが神道の儀礼として行われることについて、それが日本国憲法が規定する信教の自由と政教分離に反するものでないかどうかが議論されました。御大喪や大嘗祭は明らかに神道儀礼であり、国民がこれに関与を強いられるのは憲法の規定からして適切ではない。国民の象徴である天皇の儀礼行為は公衆に押し付けられることのない私的な行為であるとしても、自ずから公的意味合いを帯びる。そうであるなら、そこに国費を投入せず内廷費で行うという形で節度を保とうとの考え方も示されました。

特定宗教の儀礼、それも明治維新後、国民を神聖天皇への死をも辞さない崇敬に引き込むような働きを担った国体論（神聖な天皇中心の国体は世界に類例のないすぐれたものとする信念）と結びついた皇室儀礼を、国家的な儀礼として行うことには、憲法上、問題があります。多様な思想・信条をもつ人たちに、ある特定宗教の儀礼への参加を押し付けることがないようにすること、これは日本国憲法二〇条（「信教の自由は、何人に対してもこれを保障する」「何人も、宗教上の行為、祝典、儀式又は行事に参加することを強制されない」）や一九条（「思想及び良心の自由は、これを侵してはならない」)、さらには八九条(「公金その他の公の財産は、宗教上の組織もしくは団体の使用、便益若しくは維持のため、又は公の支配に属しない慈善、教育若しくは博愛の事業に対し、これを支出し、又はその利用に供してはならない」)の定めるところです。特定の宗教的立場や国体論的立場を人々に押し付けるような働きに皇室が関与しないこと、これが象徴天皇制にふさわしいことでしょう。

象徴天皇制の実質化の動き

平成に入り、皇室も国民もこうした考え方にそって新たな歩みを進めようとしてきた時期がありました。二〇〇二年には小泉首相の下で福田官房長官によって「追悼・平和祈念のための記念碑等施設の在り方を考える懇談会」が設置され、靖国神社ではない新しい追悼施設によって戦死者の追悼を行うことが提案されました。靖国神社に国家的地位を付与しようとする国粋派の動きを封印する方向での答申です。読売新聞の社説や公明党もこれに賛成しました。

二〇〇四年には小泉首相の私的諮問機関として「皇室典範に関する有識者会議」が設置され、翌年「皇室典範に関する有識者会議報告書」が提出されました。これは男系の万世一系の皇統を維持しなくてはならないという国体論の立場に対して、女系天皇の可能性を示唆する方向で政府が動いたものです。

戦前の神聖天皇と結びついてきたものを抑える方向でのこうした動きはその後も続き、宮内庁は二〇一二年から一三年にかけて「今後の御陵及び御喪儀のあり方について」の検討を行い、その結果、天皇・皇后の葬法を土葬ではなく火葬とし、陵墓は簡素なものとすることを発表しました。これは天皇・皇后他、皇室の意向を反映したものであり、「検討に当たっての基本的な考え方」には「今後の御陵の形態、御葬送の儀式については、国民の日常生活に影響が及ぶことを極力少なくするようなあり方とする」と述べられています。

皇室祭祀の公的性格を抑制する方向性

さらに、二〇一八年の一一月三〇日、秋篠宮は大嘗祭への公費支出について「（手元金の）内廷会計で行うべきだ」と異議を唱え、「身の丈に合った儀式」とするのが本来の姿ではないかとの考えを示しました（時事通信）。同日夕刻の時事通信は「秋篠宮さまが大嘗祭は宗教色が強いとして公費支出に異議を唱えたことを受け、政府内に戸惑いが広がっている。政府は支出は既に決定済みとして沈静化を待つ構えだが、方針決定に際して議論を尽くしたとは言いがたい。政教分離をめぐる論争が再燃しかねないと神経をとがらせている」と報じています。

代替わりに典型的に現れる荘重な皇室儀礼は、実は明治維新以後に創出または拡充されたものが多いのです。敗戦後、日本国憲法が信教の自由と政教分離を明確に規定した後も、それらを廃止ないし縮小する動きは目立ちませんでした。これは昭和天皇が継続的に在位したため対処しにくかった面があり、平成元年の代替わりに至りました。

しかし、平成時代には次第に皇室儀礼や神道と結びついた制度を皇室の私的な儀礼とし、国家神道として機能するのを抑える方向の変化が試みられてきています。戦前の神聖天皇に郷愁をもつ日本会議や神道政治連盟の立場に近い安倍政権は、皇室も平成時代の他の諸政権も賛同してきたこの方向に逆行するような姿勢を示してきました。しかし、二〇一九年の代替わりの次の代替わりに至るまでには、この変化がさらに明確になるでしょう。それは象徴天皇制の理念が、自ずから指し示す方向です。

五〇年ほど前に、久野収の「日本の超国家主義」という文章を読み、なるほどと感じ入ったことがあります。

天皇は、国民にたいする「たてまえ」では、あくまで絶対君主、支配層間の「申しあわせ」としては、立憲君主、すなわち国政の最高機関であった。小・中学および軍隊では、「たてまえ」としての天皇が徹底的に教えこまれ、大学および高等文官試験にいたって、「申しあわせ」としての天皇がはじめて明らかにされ、「たてまえ」で教育された国民大衆が、「申しあわせ」に熟達した帝国大学卒業生たる官僚に指導されるシステムがあみ出された。

小学校と軍隊で教えられる神聖天皇の教えが「たてまえ」で久野は「顕教」ともよんでいます。一方、官僚や学者や知識人が学ぶ社会の仕組みは「申しあわせ」で「密教」ともよばれます。密教がうまく顕教をあやつって安定した統治を行うつもりだったが、結局は顕教、つまり神聖天皇の教えが支配する体制となり戦争に突入したというのです。

軍部だけは、密教の中で顕教を固守しつづけ、初等教育をあずかる文部省をしたがえ、やがて顕教による密教征伐、すなわち国体明徴運動を開始し、伊藤の作った明治国家のシステムを最後にはメチャメチャにしてしまった。

近代日本を理解するこの枠組みは、巧みに真実を描き出しているように思われました。そこで、拙著『国家神道と日本人』でも紹介したのです。ところが、「顕教による密教征伐」を自分なりに説明しようとすると、なお道具立てが足りないと感じました。また、『国家神道と日本人』では学校教育と神社の役割についてはあらまし述べましたが、それ以外の側面（たとえば軍隊やメディアの役割）についてはあまりふれられませんでした。

この数年間、これらの足りないところを補っていこうとして研究を進め、本書がまとまりました。学術的な論文もいくつか刊行してきており、いずれ論文集をまとめたいと思っていますが、見取り図を書くことによって、全体構成がより見えやすくなることを願ってまとめたのが本書です。読みやすさを心がけましたが、いかがでしょうか。

この本は、『国家神道と日本人』と対応しています。どちらも私なりの見取り図なのですが、それぞれ「国家神道」と「神聖天皇」に焦点を合わせていますので、少しずれています。二〇一〇年代に日本社会は大きく変化し、日本会議や神道政治連盟といった団体の名がよく知られるようになりました。その時間差もずれとなって現れているでしょう。重ね合わせるとピンぼけで見通しが悪くなってしまうのではなく、相互に照らし合って映える関係になっていればよい。そう希望的に考えておりますが、いかがでしょうか。

とはいえ、もちろんこの本は独立した書物であり、それ自身の光を放ってくれることを願っています。近代日本史を見る上で、「神聖天皇」という観点が有効で、日本社会の基軸が見えやすくなること。これが本書がもっとも述べたかったことです。

本書ができるまでには、多くの方々のお力をいただいています。あまりに数が多いので、すべてお名前をあげることができません。編集段階でとくにお力をいただいた、永田士郎さん、大角修さん、今井章博さんのお名前だけをあげさせていただきます。どうもありがとうございました。

二〇一九年三月　島薗 進

第1章　神国日本から神聖天皇へ

朝尾直弘『将軍権力の創出』岩波書店、一九九四年
伊東多三郎『近世国体思想史論』同文館、一九四三年
井上智勝『吉田神道の四百年』講談社、二〇一三年
遠藤潤『平田国学と近世社会』ぺりかん社、二〇〇八年
岡田荘司編『日本神道史』吉川弘文館、二〇一〇年
オームス、ヘルマン『徳川イデオロギー』清水正之、豊沢一、頼住光子、黒住真訳、ぺりかん社、一九九〇年（原著、一九八五年）
河野省三『皇道の研究』文学社、一九四二年
小島毅『儒教が支えた明治維新』晶文社、二〇一七年
――『天皇と儒教思想――伝統はいかに創られたのか?』光文社、二〇一八年
齋藤公太『「神国」の正統論――『神皇正統記』受容の近世・近代』ぺりかん社、二〇一九年
佐藤幸治『立憲主義について――成立過程と現代』左右社、二〇一五年
佐藤弘夫『「神国」日本――記紀から中世、そしてナショナリズムへ』講談社、二〇一八年（初刊、筑摩書房、二〇一四年）
島薗進「総説　一九世紀日本の宗教構造の変哲」小森陽一他編『岩波講座　近代日本の文化史2　コスモロジー

の「近世」』岩波書店、二〇〇一年
――「国家神道・国体思想・天皇崇敬――皇道・皇学と近代日本の宗教状況」『現代思想』第三五巻第一〇号、二〇〇七年
――『国家神道と日本人』岩波書店、二〇一〇年
島薗進・安丸良夫・磯前順一『民衆宗教論』東京大学出版会、二〇一九年
曽根原理『徳川家康神格化への道――中世天台思想の展開』吉川弘文館、一九九六年
牟禮仁「藩校と皇学」『皇學館大学神道研究所紀要』第六二号、二〇〇二年三月
若尾政希『「太平記読み」の時代』平凡社、一九九九年

第2章　祭政教一致の明治

葦津珍彦・阪本是丸『新版 国家神道とは何だったのか』神社新報社、二〇一五年、初刊、一九八七年
飛鳥井雅道『明治大帝』講談社、二〇〇二年
飯島忠夫「長谷川昭道の皇道述義」『日本文化』日本文化協会、第四六冊、一九三八年
井上順孝・阪本是丸編『日本型政教関係の誕生』第一書房、一九八七年
色川大吉『日本の歴史21　近代国家の出発』中公文庫、一九八四年
小川原正道『大教院の研究――明治初期宗教行政の展開と挫折』慶應義塾大学出版会、二〇〇四年
國學院大學日本文化研究所編『神道事典』弘文堂、一九九四年、
小島毅『天皇と儒教思想――伝統はいかに創られたのか?』光文社、二〇一八年
子安宣邦『国家と祭祀――国家神道の現在』青土社、二〇〇四年
阪本是丸『国家神道形成過程の研究』岩波書店、一九九四年
島薗進『国家神道と日本人』岩波書店、二〇一〇年
多木浩二『天皇の肖像』岩波書店、二〇〇二年

武田秀章『維新期天皇祭祀の研究』大明堂、一九九六年
所功『「国民の祝日」の由来がわかる小事典』PHP研究所、二〇〇三年
新田均『近代政教関係の基礎的研究』大明堂、一九九七年
原武史『可視化された帝国――近代日本の行幸啓』みすず書房、二〇〇一年
フジタニ、タカシ『天皇のページェント――近代日本の歴史民族誌から』日本放送出版協会、一九九四年
ブリーン、ジョン『儀礼と権力――天皇の明治維新』平凡社、二〇一一年
安丸良夫『神々の明治維新』岩波書店、一九七九年
安丸良夫・宮地正人編『日本近代思想大系　宗教と国家』岩波書店、一九八八年

第3章　天皇の軍隊

梅溪昇『軍人勅諭成立史――天皇制国家観の成立〈上〉』青史出版、二〇〇〇年
岡田幹彦『乃木希典』展転社、二〇〇一年
片山杜秀『未完のファシズム――「持たざる国」日本の運命』新潮社、二〇一二年
小島毅『靖国史観――日本思想を読みなおす』筑摩書房、二〇〇七年（増補版、二〇一四年）
小林健三・照沼好文『招魂社成立史の研究』錦正社、一九六九年
子安宣邦『国家と祭祀――国家神道の現在』青土社、二〇〇四年
佐々木英昭『乃木希典――予は諸君の子弟を殺したり』ミネルヴァ書房、二〇〇五年
戸部良一『逆説の軍隊　日本の近代9』中央公論社、一九九八年
――他『失敗の本質――日本軍の組織論的研究』ダイヤモンド社、一九八四年
中内敏夫『軍国美談と教科書』岩波書店、一九八八年
尾藤正英「水戸学の特質」尾藤他校注『日本思想大系53　水戸学』岩波書店、一九七三年
秦郁彦『軍ファシズム運動史』〈復刻新版〉河出書房新社、二〇一二年（初版、一九六二年）

松下芳男『乃木希典』吉川弘文館、一九六〇年
村上重良『慰霊と招魂——靖国の思想』岩波書店、一九七三年
山室建徳『軍神——近代日本が生んだ「英雄」たちの軌跡』中央公論新社、二〇〇七年
若尾政希『「太平記読み」の時代——近世政治思想史の構想』平凡社、一九九九年

第4章　聖徳と慈恵

遠藤興一『天皇制慈恵主義の成立』学文社、二〇一〇年
小田部雄次『昭憲皇太后・貞明皇后』ミネルヴァ書房、二〇一〇年
片野真佐子『皇后の近代』、講談社、二〇〇三年
黒沢文貴・河合利修編『日本赤十字社と人道援助』東京大学出版会、二〇〇九年
佐藤一伯『明治聖徳論の研究——明治神宮の神学』国書刊行会、二〇一〇年
島薗進「天皇崇敬・慈恵・聖徳——明治後期の「救済」の実践と言説」『歴史学研究』第九三二号、二〇一五年六月
社会福祉法人恩賜財団済生会編『恩賜財団済生会七十年誌』社会福祉法人恩賜財団済生会、一九八二年
——編『恩賜財団済生会五十年誌』社会福祉法人恩賜財団済生会、一九六四年
菅谷章『日本医療制度史』改訂増補版、原書房、一九七六年
鶴見祐輔『決定版正伝後藤新平2』藤原書店、二〇〇四年（初刊、一九六五年）
日本社会事業協会編『日本の社会事業』三秀舎、一九三九年
原武史『直訴と王権——朝鮮・日本の「一君万民」思想史』朝日新聞社、一九九六年
原田真一編『銀婚盛典』岡島支店刊行
三井光三郎『愛国婦人会史』愛国婦人会史発行所、一九一三年
渡邊幾治郎『皇室と社会問題』文泉社、一九二五年

第5章　群衆と治安と天皇崇敬

大谷栄一『近代日本の日蓮主義運動』法蔵館、二〇〇一年
島薗進「国家神道とメシアニズム――「天皇の神格化」からみた大本教」安丸良夫他編『岩波講座　天皇と王権を考える4　宗教と権威』岩波書店、二〇〇二年
田中伸尚『大逆事件――生と死の群像』岩波書店、二〇一〇年
中島岳志『親鸞と日本主義』新潮社、二〇一七年
中村文雄『大逆事件と知識人』三一書房、一九八一年
西山茂『近現代日本の法華運動』春秋社、二〇一六年
萩原淳『平沼騏一郎と近代日本――官僚の国家主義と太平洋戦争への道』京都大学学術出版会、二〇一六年
橋爪紳也『祝祭の〈帝国〉』講談社、一九九八年
原武史『増補　皇居前広場』筑摩書房、二〇〇七年
平泉澄『悲劇縦走』皇學館大学出版部、一九八〇年
平山昇『初詣の社会史――鉄道が生んだ娯楽とナショナリズム』東京大学出版会、二〇一五年
フジタニ、タカシ『天皇のページェント』日本放送出版協会、一九九四年
前川理子『近代日本の宗教論と国家――宗教学の思想と国民教育の交錯』東京大学出版会、二〇一五年
安丸良夫「出口王仁三郎の思想」『日本ナショナリズムの前夜』朝日新聞出版、一九七七年
若井敏明『平泉澄――み国のために我つくさなむ』ミネルヴァ書房、二〇〇六年

第6章　天皇崇敬による全体主義的動員への道程

市川白弦『日本ファシズム下の宗教』エヌエス出版会、一九七五年
上野英信『天皇陛下万歳――爆弾三勇士序説』筑摩書房、一九八九年（初刊、一九七一年）

小田部雄次他『キーワード日本の戦争犯罪』雄山閣、一九九五年
栗原俊雄『特攻――戦争と日本人』中央公論新社、二〇一五年
佐藤秀夫編『続・現代史資料8　教育――御真影と教育勅語』みすず書房、一九九四年
島薗進「禅・皇道・戦争――皇道禅を導き出したもの」『別冊サンガジャパン　増補版 禅』二〇一九年二月
鈴木範久『信教自由の事件史――日本のキリスト教をめぐって』オリエンス宗教研究所、二〇一〇年
竹内洋・佐藤卓己編『日本主義的教養の時代――大学批判の古層』柏書房、二〇〇六年
常石敬一『七三一部隊――生物兵器犯罪の真実』講談社、一九九五年
戸部良一『逆説の軍隊　日本の近代9』中央公論社、一九九八年
新野和暢『皇道仏教と大陸布教――十五年戦争期の宗教と国家』社会評論社、二〇一四年
西山俊彦『カトリック教会の戦争責任』サンパウロ、二〇〇〇年
秦郁彦『日本人捕虜』上下巻、中央公論社、二〇一四年
藤原彰『餓死した英霊たち』筑摩書房、二〇一八年（初刊、二〇〇一年）
山崎雅弘『「天皇機関説」事件』集英社、二〇一七年
山室建徳『軍神――近代日本が生んだ「英雄」たちの軌跡』中央公論新社、二〇〇七年
吉田裕『日本軍兵士――アジア・太平洋戦争の現実』中央公論新社、二〇一七年

第7章　象徴天皇と神聖天皇の相克

青木理『日本会議の正体』平凡社、二〇一六年
貝塚茂樹『戦後教育改革と道徳教育問題』日本図書センター、二〇〇一年
奥平康弘『「万世一系」の研究――「皇室典範的なもの」への視座』岩波書店、二〇〇五年（文庫版、二〇一七年）
島薗進「戦後の国家神道と宗教集団としての神社」圭室文雄編『日本人の宗教と庶民信仰』吉川弘文館、

二〇〇六年
――「象徴天皇の人間性を示す二つのお言葉」『Journalism』三一八号、二〇一六年一一月
――「敗戦と天皇の聖性をめぐる政治――「国体護持」と「国体のカルト」の制御」吉馴明子・伊藤彌彦・石井摩耶子編『現人神から大衆天皇制へ――昭和の国体とキリスト教』刀水書房、二〇一七年
――「神道政治連盟の目指すものとその歴史――戦後の国体論的な神道の流れ」塚田穂高編『徹底検証　日本の右傾化』筑摩書房、二〇一七年
――「存続した国家神道と教育勅語の廃止問題」『福音と世界』八月号、二〇一七年
――「解説（2）」奥平康弘『「萬世一系」の研究』（下）岩波書店、二〇一七年
神社新報政教研究室編『増補改訂　近代神社神道史』神社新報社、一九八六年（初版、一九七六年）
鈴木英一『日本占領と教育改革』勁草書房、一九八三年
高橋紘『象徴天皇』岩波書店、一九八七年
谷口雅春『天皇絶対論とその影響』光明思想普及会、一九四一年
藤生明『徹底検証　神社本庁』筑摩書房、二〇一八年
丸山眞男『現代政治の思想と行動』未来社、一九五六～五七年
山住正己『教育勅語』朝日新聞出版、一九八〇年

あとがき

久野収「日本の超国家主義――昭和維新の思想」久野収・鶴見俊輔『現代日本の思想――その五つの渦』岩波書店、一九五六年
島薗進『国家神道と日本人』岩波書店、二〇一〇年

島薗進（しまぞの・すすむ）
一九四八年生まれ。宗教学者。東京大学大学院人文社会研究科名誉教授。上智大学神学部特任教授、グリーフケア研究所所長。専門は日本宗教史。日本宗教学会元会長。主な著書に、『宗教学の名著30』（ちくま新書）、『国家神道と日本人』（岩波新書）、『日本人の死生観を読む』（朝日選書）、『近代天皇論』（片山杜秀との共著、集英社新書）がある。

神聖天皇《しんせいてんのう》のゆくえ
――近代日本社会《きんだいにほんしゃかい》の基軸《きじく》

二〇一九年四月二五日　初版第一刷発行

著者　島薗進
発行者　喜入冬子
発行所　株式会社　筑摩書房
東京都台東区蔵前二―五―三　郵便番号一一一―八七五五
電話番号　〇三―五六八七―二六〇一（代表）
装幀・イラスト　松田行正＋倉橋弘
印刷・製本　中央精版印刷株式会社

ISBN978-4-480-84319-7 C0014